설교를 위한

다윗 이야기 다시 읽기

설교를 위한

다윗 이야기 다시 읽기

초판 1쇄 2023년 10월 31일

지은이 이승진
펴낸이 황대연
발행처 설교자하우스
주소 경기 수원시 팔달구 권광로 276번길 45, 3층
전화 070. 8267. 2928
전자우편 1234@naver.com
등록 2014. 8. 6.

ISBN 979-11-976251-5-2 (93230)
값은 뒷표지에 있습니다.

다윗 이야기를 어떻게 하나님의 말씀으로 설교할 것인가?

설교를 위한 다윗 이야기 다시 읽기

이승진

추천사

설교는 언제나 본문에서 출발하여 청중에게로 나아간다. 본문에서 출발하지 않은 강단의 설교는 감언이설이 되고, 청중에게 도달하지 않는 본문 해석은 무용지물이기 쉽다. 진정한 설교는 "그때 그곳 그 사람들"의 이야기가 "지금 여기 이 사람들"의 이야기가 되게 한다. 그리하여 그들의 하나님을 우리의 하나님으로 만나게 한다. 그러므로 설교는 늘 역동성 있는 움직임이요, 고대와 오늘을 맞닥뜨리게 하는 극적인 사건이 된다.

이 책의 저자는 본문에서 출발한 설교가 어떻게 강단을 향하여 역동성 있게 나아가서 마침내 청중에게 도달하게 할 수 있을 것인가를 깊이 고민하였다. 그 결과, 설교를 위한 본문 주해와 설교를 위한 신학적 원리화, 그리고 청중 앞에서의 설교 실천을 설교자가 한편의 설교를 위하여 반드시 거쳐야 할 3단계 설교학적 이동단계로 제시한다.

이 책의 특장점은, 다윗 이야기 본문 전반에 집중하면서 저자가 제시하는 설교학적 3단계 이동에 대한 이론과 실제를 소상하게 설명하고, 동시에 그 시범을 보여주고 있다는 점이다. 저자의 안내를 충실히 따르면 이야기 본문에 대한 해석학적, 신학적, 설교학적 이론과 실제에 대한 통합적 안목과 실천 능력을 갖추게 된다. 저자는 또한 구속사 중심적 해석과 설교라는 관점에서 다윗 이야기 전반에 대한 해석과 궁극적 메시지를 펼쳐내도록 이끌어준다. 그리하여 다윗 이야기에 대한 단편적이고 도덕적 혹은 모범적 설교로 흘러갈 위험을 방지해준다.

저자는 이미 다윗 이야기를 포함하고 있는 사무엘상 전체를 본문으로 37편의 설교를 행하여 "하나님 마음에 합한 사람"이라는 제목으로 설교집을 출간한 바 있다. 이 책과 함께 그의 설교집에 실린 설교들을 읽으면 저자가 제시하는 "설교를 위한 3단계 이동"의 궤적을 확인할 뿐만 아니라, 그가 제시하는 이론과 실천을 통합적으로 습득하여 이야기 본문을 능력있게 설교하는 기량을 획득하는데 큰 도움이 될 것이다.

정창균 박사_ 설교자하우스 대표, 합동신학대학원 전 총장

이승진 교수님의 『다윗 이야기 다시 읽기』를 추천하게 되어 매우 기쁩니다. 특별히 이번 책에서 이 교수님의 설교학적 변화를 느낄 수 있기 때문

입니다. 여러 변화 중에 핵심은 "원리화"입니다. 본문의 과거 의미를 현재의 의미로 연결하기 위한 해석학의 노력은 티슬턴(Anthony Thiselton)의 "두 지평 융합", 밴후저(Kevin Vanhoozer)의 "의미와 의의 개념", 오즈번(Grant Osborne)의 신학적 원리 발견을 위한 "상황화"에서 일찍부터 시도되었습니다. 이런 해석학적 시도가 설교학에서 워렌(Timothy Warren)의 설교의 세 페러다임, 즉 "주석적, 신학적, 설교적 과정"으로 나타났습니다. 후에 이 이론은 스누키언(Donald R. Sunukjian)에 의해 "본문 주해, 진리화, 설교화 과정"이라는 구체적 방법론으로 발전되었습니다.

이승진 교수님은 두 학자의 신학적 과정, 진리화 과정을 "원리화"(principalization)라는 말로 풀어내고 있습니다. 전통적인 설교학 이론을 토대로 자신만의 깊이 있는 연구로 세밀히 발전시키는 부분은 이 책의 가장 빛나는 부분입니다. 진정한 설교는 본문이 "그때"(then)의 이야기가 아니라 청중을 향한 "지금"(now)의 이야기로 들리게 합니다. 그래서 본문의 "과거에 의미했던 바"(what it meant)가 "현재의 의미하는 바"(what it means)로 살아납니다. 독자들이 이 탁월한 책을 통해 원리화를 세밀히 익혀 이 시대를 향한 생생한 하나님의 음성을 가감 없이 전할 수 있기를 기대해봅니다.

권호 교수_합동신학대학원대학교 설교학 교수, 설교자하우스 지도교수

차례

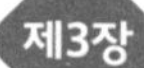

제3장

월터 브루그만의 사회-수사학적 내러티브 해석

제4장

성경 내러티브에 대한 언약 법률적 해석

제5장

다윗 내러티브의 판례 해석과 원리화

제6장

다윗 내러티브와 그리스도 중심설교

들어가는 말

필자가 이 책을 출간하는 취지는 다음 네 가지 때문이다. 첫째는 필자가 2020년에 출간했던 사무엘상에 관한 강해설교집, 『하나님 마음에 합한 사람』을 어떤 해석학적인 배경 속에서 저술했는지를 설교자들에게 충분히 밝히려는 것이다. 널리 알려진 것처럼 목동 다윗은 블레셋의 최고 전사 골리앗을 무찔렀다. 이후에 사울 왕의 불같은 질투와 집요한 추격에도 불구하고 다윗은 두 차례나 원수의 목숨을 여호와 하나님께 맡기는 모습을 보여주었다. 얼마 후 이스라엘 최고 군왕이 되었나 싶었지만, 충신 우리아의 아내 밧세바를 성폭행함으로 여호와 하나님의 맹렬한 심판을 초래하였다. 이토록 드라마틱한 인생을 살았던 다윗 이야기는 아무리 그 이야기 전개 과정이 흥미진진하고 충격적이더라도, 유명한 문학작품에서 만날 수 있는 가공된 이야기가 아니라 예수 그리스도의 계시를 예고하는 계시적인 의미가 들어 있다.

그렇다면 현대의 설교자들은 구약의 다윗 이야기를 어떻게 오늘의 신자들에게 하나님의 말씀으로 선포할 수 있을까? 필자는 사무엘상 전체를 하나님의 구속 역사에 관한 계시의 시각으로 해석하고 지역 교회에서 설교 메시지로 전달했다. 사무엘상에 대한 구속사 관점의 해석은 다윗과 같은 등장인물을 획일적으로 모범적인 영웅으로만 해석하기 보다는 하나님의 절대 주권에 따른 구속 경륜의 한 축과 그에 대한 등장인물들의 신앙적인 또는 불신앙적인 반응의 또 다른 축의 상호 작용의 관점에서 해석하는 것이다.

필자는 다윗 이야기에 관한 강해설교를 시도하려는 목회자들과 신학생들을 염두에 두고서 『하나님 마음에 합한 사람』이란 제하의 설교집으로 출간하였다. 이 설교집은 주석서가 아닌 까닭에 설교자들은 필자가 어떤 해석 관점으로 이런 설교 메시지를 작성했는지 궁금할 것이다. 본서는 설교집에서 제대로 담아 낼 수 없었던 다윗 이야기에 관한 구속사 관점의 해석을 다루고 있다. 따라서 독자들은 본서와 함께 『하나님 마음에 합한 사람』을 병행하여 읽어갈 때, 필자가 의도하는 다윗 이야기에 관한 강해설교의 진실에 훨씬 더 가까이 다가갈 수 있을 것이다.

필자가 이 책을 출간하려는 두 번째 취지는 오늘날의 설교자들이 성경 내러티브의 역사성을 분명하게 확신하고 강해설교를 시도하는 것이, 성령의 감화가 뒤따르는 설교 사역을 위하여 필수적으로 중요함을 보여주려는 것이다. 이를 위하여 필자는 다윗의 이야기에 관한 역사성을 부정하는 월터 브루그만의 사무엘상,하에 관한 사회-수사학 해석 전략을 비평적으로 추적하였다. 세계적인 구약신학자 월터 브루그만은 사회-수사학의 관점을 활용하여 사무엘상,하의 내러티브를 역사적 다윗(historical David)에 관한 묘사가 아니라, 구전으로 널리 그리고 오랜 세월 사람들의 입에서 입으로 전승되던 신화적인 인물에 관한 영웅담들을 후대의 편집자가 수사적인 목적으로 가공한 다윗(constructed David)에 관한 신화적인 이야기로 해석하였다. 독자들은 이 책에서 다윗 이야기의 역사성을 부정하는 입장에서 도출된 영적 교훈과 다윗 이야기의 역사성을 확신하는 입장에서 도출된 영적 교훈을 서로 비교해 볼 수 있다. 이를 통하여 성경적인 강해설교를 준비하고 전달하는 과정에서 설교자가 성경 본문 배후에 정초하고 있는 객관적인 구속 역사의 경륜 과정에 관한 선명한 인식, 즉 본문의 역사성을 확보하는 것이 얼마나 중요한지를 이해할 수 있을 것이다.

세 번째 취지는 성경적인 강해설교의 준비와 전달을 위해서는 성경 내러티브에 관한 깊이 있는 묵상을 통해서 내러티브 본문 배후에서 저자와 성령 하나님께서 독자들에게 전달하려는 영적 교훈을 이끌어 내는 원리화 과정을 실제 사례로 제시하려는 것이다. 내러티브 본문의 해석 작업은 크게는 두 단계로 나눌 수 있다. 주해 단계와 원리화 단계이다. 내러티브 본문의 주해 과정은 본문의 역사적인 배경과 등장 인물들의 대화, 그리고 사건들의 진행 과정을 파악하는 데 집중된다.

하지만 내러티브 본문의 해석 작업은 여기에서 멈출 수 없다. 내러티브 본문의 심층에 들어 있는 하나님의 은밀한 섭리에 관한 영적 교훈을 파악해야 한다(원리화 단계, principalization). 이를 위하여 해석자는 내레이터가 본문을 기록하는 과정에서 내러티브에 포함시킨 독특한 플롯(ex, 아이러니)이나 전지적 작가 시점에 관한 표현들, 독특한 관점과 초점화(focalization), 독특한 인물묘사(characterization), 그리고 신학적인 평가(ex. 여호와 보시기에....)를 세심하게 연구해야 한다. 이를 통하여 내러티브 안에서 진행되는 사건의 진행 시점에서 때로는 등장인물들마저도 제대로 파악하지 못했으나 내레이터가 독자들에게 전달하려고 하는 (하나님의 섭리에 관한) 심층의 영적 교훈을 파악해야 한다. 독자들은 이 책에서 필자가 어떤 해석 과정을 거쳐서 다윗 이야기로부터 어떤 영적 교훈을 도출하는지를 파악할 수 있다.

본서의 네 번째 취지는 다윗 이야기를 영적 교훈을 보여주는 모범으로 해석할 것인지, 아니면 예수 그리스도를 예표하는 모형론 관점으로 해석할 것인지에 관한 설교학적인 경계선을 제공하려는 것이다. 다윗은 골리앗을 향하여 나아갈 때 여호와 하나님의 권능을 철저하게 의지하는 모습을 보여주었다. "너는 칼과 창과 단창으로 내게 나아 오거니와 나는 만군의 여호와의 이름 곧 네가 모욕하는 이스라엘 군대의 하나님의 이름으로 네게 나아가노라"(삼상 17:45). 다윗이 이렇게 하나님 살아계심에 관한 믿음이 충만한 모습을 보면, 오늘날 설교자들은 이런 장면에서 다윗과 같은 믿음의 모범을 따르라는 모범 설교가 가능해 보인다. 하지만 구속사 설교는 다윗에 대한 도덕 설교를 반대한다. 필자는 본서에서 다윗 이야기에 관한 잘못된/바람직한 모범 설교와 잘못된/바람직한 구속사 설교의 경계선을 제공하고자 하였다.

필자는 이상의 네 가지 취지를 염두에 두고 이 책을 출간하였다. 다윗 이야기에 관한 해석을 다루는 이 책과 함께 사무엘상의 설교집 『하나님 마음에 합한 사람』을 병행하여 읽어갈 때, 독자들은 사무엘상,하의 다윗 이야기를 통하여 성령 하나님께서 전달하시려는 구속 계시에 관한 하나님의 말씀을 훨씬 더 선명하게 포착할 수 있을 것이다.

이 책은 합동신학대학원에서 평생 설교학 교수로 그리고 총장으로 사역하신 정창균 교수님의 격려와 배려로 세상에 나오게 되었다. 그는 필자로 하여금 '하나님이 친히 말씀하시는 말씀의 능력이 나타나는 설교자'가 되기를 열망하는 비전을 보여주시고, 또 남아공 스텔렌보쉬 대학교에서 설교학을 공부할 수 있도록 도와주시고, 귀국한 이후에도 계속하여 하나님의 말씀을 힘 있게 선포하는 설교자로 끝없이 격려해 주셨다. 정 교수님은 성경 말씀을 올바로 해석하는 것이 설교에서 가장 중요하다는 사실을 말로만 강조하지 않았다. 설교자하우스를 설립하여 지난 24년 동안 성경 본문을 올바로 드러내어 말씀의 능력을 나타내는 설교에 온 힘을 쏟는 것이 설교자 최고의 특권이고 명예임을 평생의 헌신으로 직접 보여주셨다. 이 책은 설교자하우스의 여름캠프에서 필자가 했던 강의인데 그 내용을 이렇게 책으로 출간할 수 있게 된 것은 그의 사랑에 찬 격려와 배려 덕분이었음을 밝힌다.

이 책을 통해서 설교자들의 심령에 다윗 이야기의 계시적 의미와 그 가치가 조금이라도 더 선명한 진실로 다가올 수만 있다면, 그리고 그 설교를 듣는 성도들이 다윗의 하나님을 자신의 하나님으로 경험하고, 다윗의 이야기 가운데서 그리스도의 이야기를 겹쳐 듣는 경험을 할 수 있다면 그것은 전적으로 하나님의 은혜일 뿐이다.

주님께 영광!

제1장

강단을 향하는 본문 읽기

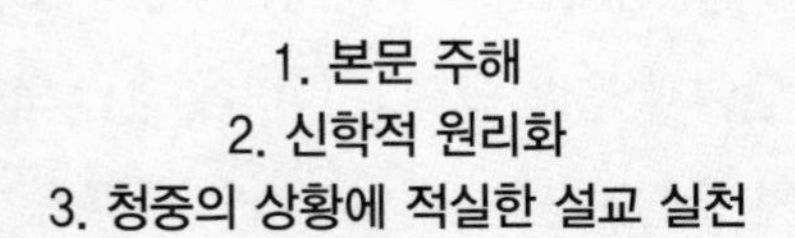

1. 본문 주해
2. 신학적 원리화
3. 청중의 상황에 적실한 설교 실천

성경 내러티브에 관한 강해설교의 준비와 전달은 다음 3단계로 진행된다. 본문 주해로부터 시작하여 본문의 영적 교훈을 이끌어 내는 원리화 단계를 거쳐, 청중의 (문제) 상황에 적실한 설교 메시지를 작성/전달하는 단계로 이어진다.

1. 본문 주해

성경 본문 주해는 기본적으로 문법적이고 문학적인 석의와 역사적인 석의의 두 단계를 거친다. 성경의 어느 본문과 장르를 해석하든 해석자는 먼저 본문의 문법적이고 문학적인 특징과 구조를 분석하고 본문의 단어와 문장, 그리고 전체 단락의 의미론적인 구조를 파악해야 한다. 이어서 본문의 단어와 문장, 그리고 단락에 담긴 의미나 등장 인물들, 또는 저자와 1차 수신자 사이의 역사적인 배경을 연구해야 한다.

좀 더 자세한 본문 석의와 연구를 위해서는 해당 성경책에 관한 전문적인 주석서를 참고해야 한다. 대부분의 성경 주석서들은 주로 주해단계에서 제기되는 질문들에 대한 해답을 다루고 있다. 본문의 문법이나 문학적인 구조, 장르 분석이 주석서의 주요 내용들이다. 또 본문의 등장인물의 역사적인 상황이나 저자와 1차 수신자의 역사적인 배경들을 집중적으로 다룬다.

특히 내러티브 본문을 주해하는 해석자는 문학적인 해석과 역사적인 해석을 진행하는 과정에서 본문 자체의 세계 속으로 깊이 들어가야 한다. 해석자가 본문의 세계로 진입하기에 효과적인 방법은, 본문 내러티브에 다음과 같이 등장 인물의 입장과 동일시하는 질문들을 던져보는 것이다. 본문에 등장하는 등장인물이 직면한 영적 문제는 무엇일까? 만일에 본문에 하나님의 응답 말씀이 없다면, 등장인물들은 어떤 위기에 함몰될 것인가? 본문의 등장인물들 사이에 진행되는 대화 주제는 어떤 선행 자료에 근거한 것일까? 본문 등장인물들 사이에 진행되는 대화의 수사적인 목적은 무엇일까?

내러티브 본문을 주해하는 과정에서 이런 심층적인 질문들을 던져보면, 해석자는 본문의 문학 세계 안에 등장하는 등장인물들이 직면한 영적인 위기 상황을 제대로 파악할 수 있다. 그리고 그러한 위기 상황에 대한 하나님의 (직접적인 또는 간접적인) 섭리나 영적 교훈의 말씀을 잘 파악할 수 있다. 그 다음 단계는 그러한 문제와 해답을 주해의 중심사상으로 정리하여 문장으로 서술해야 한다. 주해의 중심사상에 관한 문장은 주제와 주제 서술의 두 의미 구절로 구성된다. 주제에 관한 구절은 특정한 등장 인물의 행동이나 그 행동 배후의 하나님의 섭리에 관한 주제를 서술한다.

예를 들어 다윗이 골리앗을 무찌른 사무엘상 17장(41-58)의 경우, 주해의 중심사상을 구성하는 주제는 '다윗이 골리앗을 무찌를 수 있었던 비결'이나 '다윗의 승리의 비결'이다. 그리고 이 주제에 관한 서술은 '살아계신 하나님에 관한 분명한 믿음과 확신 때문이었다'이다. 주해의 중심사상을 한 문장으로 정리하면 다음과 같다: "다윗이 골리앗을 무찌를 수 있었던 비결은 살아계신 하나님에 관한 분명한 믿음과 확신 때문이었다."

2. 신학적 원리화

해석자가 주해 과정을 통하여 성경 본문의 문법적인 의미와 문학적인 구조를 파악하고 또 본문의 역사적인 배경을 파악했다면, 그 다음 단계는 그렇게 연구한 본문의 문법적, 문학적, 및 역사적 배경의 배후에 있는 본문의 영적인 교훈을 만드는 신학적인 원리화(神學的 原理化, theological principalization)의 단계를 밟아야 한다. 이 단계는 앞선 주해 단계 이후 본문 심층에서 저자가 독자들에게 궁극적으로 전하려는 신학적인 의미를 파악하는(또는 도출하는) 단계로서 신학화(神學化, theologization), 또는 원리화(principalization)라고도 한다. 티모시 워렌은 원리화 또는 신학화한 결과물을 가리켜서 '신학적인 중심사상'(theological main idea)이라고 부른다.

주해와 신학, 그리고 설교의 3단계를 중심사상(main idea)의 관점에서 설명하는 방식은 각각 장점과 단점이 있다. 장점은 중심사상이라는 일관된 잣대로 주해와 신학, 그리고 설교의 3단계 과정을 간명하게 설명할 수 있다는 것이다. 반면에 중심사상의 관점으로 설명하는 단점은 주해 작업과 신학적인 의미를 파악하는 단계를 선명하게 구분하기 어렵다는 것이다. 주해 작업은 해석자의 주관적인 입장의 영향을 덜 받는 객관적인 작업인 반면에, 본문의 신학적인 의미를 파악하는 과정은 해석자의 신학적인 전제로부터 상당한 영향을 받는다. 주해 작업은 본문의 문학과 문법, 그리고 역사적인 배경을 최대한 존중

한다는 객관성을 가지는 반면에, 본문의 신학적인 의미를 파악하는 과정은 해석자가 어떤 신학적인 전제를 가졌는가 하는 해석자의 주관성이 개입될 소지가 주해 작업에 비하여 훨씬 많다. 이런 이유로 본문 연구의 두 번째 과정을 '신학적인 해석'(theological interpretation)으로 정의하면, 첫 번째 주해 과정과의 차별성이 불분명한 것처럼 생각되는 독자들도 있다.

따라서 필자는 주해로부터 설교로 진행하는 3단계 과정 중에 두 번째 과정을 '신학적인 해석'의 단계로 정의하지 않고 '원리화'로 정의하고자 한다. 주해와 원리화의 공통점은 설교자가 여러 주석서들을 활용하여 성경 본문을 성실하게 연구하는 것이다. 차이점은 본문의 의미를 본문 자체에 국한하여 좁게 파악하느냐(주해), 아니면 성경 전체의 맥락으로 확장하여 보편적으로 넓게 파악하느냐(원리화)의 차이가 있다.

내러티브 본문의 원리화를 위하여, 해석자는 본문의 독특한 플롯(ex, 아이러니)이나 전지적 작가 시점에 관한 표현들, 독특한 관점과 초점화(focalization), 독특한 인물묘사(characterization), 그리고 신학적인 평가(ex. 여호와 보시기에....)를 세심하게 연구해야 한다. 왜냐하면 이러한 내러티브 비평적인 전략들 속에는 내레이터가 독자들에게 전달하려는 신학적인 의미가 무게 있게 실려 있기 때문이다.

다윗 이야기와 같은 내러티브 본문을 해석할 때, 주해의 중심사상 문장과 원리화를 거친 신학적인 중심사상 문장은 문법적으로 명확하게 구분된다. 그 문법적인 차이점은 다음 세 가지로 압축된다. 첫째로,

문장의 주어에서 차이가 난다. 주해의 중심사상 문장의 주어는 본문의 등장인물 그 자체다(ex, 다윗, 사울왕, 골리앗). 그러나 신학적인 중심사상 문장의 주어는 보편적인 신자나 불신자의 특징에 관한 것이다(ex., 불신앙의 특징). 둘째로 동사의 시제에서도 차이가 난다. 주해의 중심사상 문장의 동사 시제는 과거형인 반면에(다윗은 낙심했다), 신학적인 중심사상 문장의 동사 시제는 현재형이다(신자라도 말씀을 버리면 절망적인 상황에 빠질 수 있다). 마지막으로 중심사상의 주제가 주해의 중심사상 문장에서는 본문 자체의 세계에 관한 것이지만(다윗이 승리한 비결), 신학적인 중심사상의 주제는 본문을 초월한 보편적인 구속 역사의 세계에 관한 것이다(신자가 영적 전쟁에서 승리할 비결).

예를 들어 다윗이 물매돌을 던져 블레셋의 장수 골리앗을 무찌른 내러티브(삼상 17:41-54)의 경우에 주해적인 중심사상은 "다윗이 골리앗을 무찔렀던 비결은 살아계신 여호와 하나님에 대한 다윗의 분명한 믿음 때문이었다"는 것이다. 하지만 설교자가 오늘날의 청중에게 하나님의 말씀을 설득력 있게 선포하려면 이 주해적인 의미의 배후에 숨어 있는 보편적인 원리나 교훈을 도출해야 한다. 설교자는 주해 단계를 거쳐서 다음과 같은 원리화한 교훈이나 의미를 확보해야 한다. 원리화의 중심사상: "하나님의 살아계심을 확실히 믿는 신자는 사탄 마귀의 권세를 물리칠 수 있다." 또는 "코로나 팬데믹 속에서 교회와 신자들이 영적 전쟁에서 승리할 비결은 여호와 하나님이 여전히 동일한 능력으로 살아 역사하신다는 믿음 뿐이다."

3. 청중의 상황에 적실한 설교 실천

성경적인 강해설교는 주해나 원리화에서 끝나지 않고, 내러티브 본문의 등장인물들과 유사한 영적 위기 상황에 처한 오늘 청중 신자들의 문제 상황에 관점의 변화와 성품의 변화, 그리고 행동의 변화를 이끌어낼 수 있는 설교 메시지의 작성과 전달로 이어진다. 청중 신자들의 삶에 변화를 가져오는 설교 메시지를 전달하려면, 설교자는 앞서 설명한 주해와 원리화 과정을 성실하게 밟아야 하고 이어서 원리화한 메시지의 영적 교훈의 관점에서 오늘 현대 청중의 영적인 문제 상황을 바라볼 줄 알아야 한다.

이를 위해서 설교자는 평소에 자신의 설교 메시지를 듣는 성도들을 하나님 아버지의 긍휼의 마음으로 바라볼 수 있어야 한다. 여기에서 한 걸음 더 나아가서 설교자가 지금까지 준비한 본문의 영적 교훈들 중에서 특별히 지금 청중의 문제에 연관성이 있고, 해답이 될 만하고, 메시지로 잘 설득했을 때 실제적인 변화의 열매가 나타날 수 있겠다 싶은 영적 교훈들을 설득력 있는 설교 형식으로 바꾸어야 한다.

예를 들어 사무엘상 17장에서 다윗이 골리앗을 무찌른 본문으로 설교를 준비하여 전달한다면, 이 본문에 대한 주해의 중심사상을 만들고, 이어서 원리화의 과정을 거쳐서 원리화의 중심사상을 만들고, 원리화한 영적 교훈의 관점에서 오늘 청중의 상황을 바라봐야 한다. 그러면 설교자의 마음에는 영적 교훈에 비추어 볼 때, 여전히 부족하거나 아쉬운 면이 있는 청중의 모습들이 다가올 것이다. 그러면 설교자는 자신이 본문 주해와 묵상, 그리고 원리화의 과정에서 경험했던 새로운 깨달음이나 영적 감동을 청중도 그대로 경험할 수 있도록 그들을 설교 메시지로 설득해야 한다.

예를 들어 설교자가 다윗 내러티브를 주해하는 과정에서 다윗이 여호와 하나님의 살아계심에 대한 강력한 믿음으로 골리앗을 무찌른 장면으로부터 마음 속에강력한 도전과 감동을 받았다면, 그러한 도전과 감동이 청중 심령에도 재현될 수 있도록 설교자는 '청중 여러분의 삶 속에서 하나님 살아계심에 대한 확고한 믿음으로 골리앗과 같은 흑암의 권세를 단호하게 물리쳐야 한다'고 설득해야 한다.

이를 위한 설교의 중심사상은 이전의 중심사상처럼 설교의 주제와 주제 서술문으로 구성된다. 설교의 주제는 영적 전쟁에 대한 승리의 비결이다. 그리고 이에 관한 서술문은 살아계신 여호와 하나님에 대한 분명한 믿음과 믿음을 실제로 표현하는 거룩한 성품들, 각자 받은 달란트를 성실하게 감당하는 책임성, 감사와 찬양의 고백들이다. 사무엘상 17장에 관한 설교의 중심사상은 다음과 같이 정리될 수 있다. 신자가 코로나 팬데믹 속에서 영적 전쟁에 승리할 비결은 다음 세 가지 대지의 흐름을 따라서 구성할 수 있다.

① 첫째는 성경 본문에 기록된 여호와 하나님은 오늘 21세기 속에서도 여전히 우주 만물과 역사, 그리고 우리 인생의 주인이요 통치자

이심을 믿어야 한다.

② 둘째는 우리에게 이런 믿음이 있다면 그 믿음은 보이지 않는 영적 전쟁에 대한 긴장과 거룩한 분노, 그리고 흑암의 권세를 정복하는 거룩한 성품들로 표현되어야 한다. 각자에게 주어진 하나님의 달란트를 귀하게 여기고 하나님의 영광을 위하여 거룩하게 사용되어야 한다.

③ 셋째는 절망스러운 상황 속에서라도 여호와 하나님의 절대 주권을 믿는 신자라면 담대하게 찬양하며 각자에게 주어진 현실 속에서 성령의 인도하심 따라 감사의 고백을 향기로운 제물처럼 올려드릴 수 있다.

제2장

설교학적인 난제들

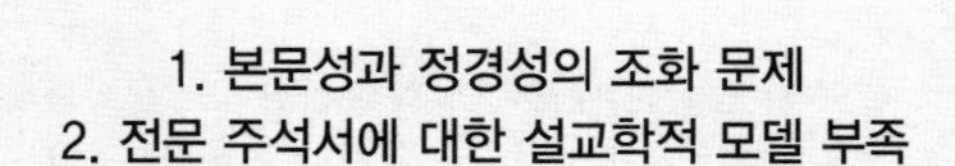

1. 본문성과 정경성의 조화 문제
2. 전문 주석서에 대한 설교학적 모델 부족

20세기 들어 해돈 로빈슨(Haddon Robinson)은 강해설교(講解說教, expository preaching)를 정의하기를 "성경 본문의 강해를 통한 하나님 말씀의 동시대적인 선포"라고 하였다: "강해 설교란 성경 본문의 배경에 관련하여 역사적, 문법적, 신학적으로 연구하여 발굴하고 알아낸 성경적 개념(biblical idea), 즉 하나님의 생각을 전달하는 것으로서, 성령께서 그 개념을 우선 설교자의 인격과 경험에 적용하시며, 설교자를 통하여 다시 회중들에게 적용하시는 것이다."[1]

대부분의 강해설교를 강조하는 설교학자들은, 하나님의 말씀의 진행에 관한 설교학적인 이동(a homiletical move)을 주해-원리화-설교의 3단계로 진행된다는 관점에 설교학적인 합의를 형성하였다.[2] 그러

1 Haddon, Robinson, *Biblical Preaching*, 박영호 역 『강해설교』 (서울: CLC, 2007), 23.

2 주해-원리화-설교 전달의 3단계로 진행되는 설교학적 이동에 관하여 다음을 참고하라. 이승진, 『성경이 말씀하는 설교』 (수원: 합신출판부, 2022), 97-102. 권

나 목회 현장의 설교자들의 입장에서는 이러한 설교학적인 합의가 매우 어렵게 느껴진다. 다음 두 가지 문제 때문이다.

① 첫째는 원리화 작업이 쉽지 않기 때문이다. 본문 주해 작업을 성실히 진행한 설교자라면 대부분 주해의 의미를 그대로 설교 메시지로 가져가려 할 뿐, 주해의 의미를 신학적인 의미나 영적인 교훈으로 전환하는 작업(원리화)이 익숙하지 않다.

② 둘째는 설교자들의 설교 역량만으로는 신학교에서 배운 강해 설교 이론을 깊이 있는 주석서에 고스란히 적용하기가 어렵다. 막상 서재에 앉아서 주석서를 읽으면서 설교를 준비하려다 보면, 주석서에서 얻은 본문 통찰을 그대로 설교 메시지로 가져가기 바쁘다. 반대로 주석서의 깊이 있는 통찰을 청중의 입장에서 연관성 있는 메시지로 전환하기가 생각보다 쉽지 않다.

필자가 판단하기에 이러한 문제의 배후에는 다음 두 가지 설교학적인 난제가 깔려 있기 때문이다: 본문성과 정경성의 조화 문제와 각 권 주석서에 관한 설교해석학적 평가의 어려움이다.

호, "충실한 의미와 들리는 설교를 위한 연관기법," 「신학정론」 41/1 (2023,06): 209-52. 권호 교수의 설교학적 이동은 본문-연관성-적용의 3단계로 압축된다.

1. 본문성과 정경성의 조화 문제

주해-원리화-설교의 3단계 설교학적 이동 과정을 균형 있게 따라가기란 생각보다 어렵다. 그 이유는 이 이동 과정의 중심에는 본문성과 정경성의 균형을 유지하는 과제가 어렵기 때문이다.[3] 해석자/설교자가 설교하려는 성경 본문의 본문성에 집중할 것인가? 아니면 현대적인 청중과의 연관성을 고려하여 정경성에 집중할 것인가? 모든 성경 해석의 결과는 '본문성과 정경성의 적절한 조합'이라고 할 수 있다. 본문성과 정경성의 두 단계 과정을 거쳐야 하는 설교학적 이동(homiletical move)의 목표는, 성경 본문과 현대 청중을 연결하는 것이다.

본문성(textuality)은 성경 본문의 의미를 해석하여 본문의 문학적인 지평이 펼쳐 보이는 의미를 청중에게 그대로 전달할 것을 강조한다. 반면에 정경성(canonicity)은 본문의 제한적인 의미 지평의 차원을 훨씬 뛰어 넘어 성경 전체가 궁극적으로 그리고 보편적으로 말씀하려는 하나님의 최종적인 계시 말씀을 청중에게 전달할 것을 강조한다.

정경성을 중시하는 대표적인 설교학 이론으로는 구속사 설교론(redemptive history preaching), 그리스도 중심의 설교론(Christocentri preaching), 그리고 교리 설교론(doctrinal preaching)이 있다. 존 칼빈의 성

◇

3 김대혁, "본문과 청중을 연결하는 과정에서 본문성(Textuality)과 정경성(Canonicity)의 통합이 지니는 설교학적 함의" 한국설교학회 2023년 봄 정기학술대회 발제논문 (2023년 6월 30일).

경 해석의 영향을 받은 다수의 청교도 설교자들은 성경 본문에 대한 성실한 주해 과정을 거쳐서 본문의 보편적인 교리를 청중에게 선포하는 교리 설교의 전통을 형성하였다.[4] 교리 설교는 선포되는 설교 메시지가 성경 본문에 대한 성실한 주해의 근거를 확보함과 동시에, 2천년 기독교 신학의 유기적인 정합성과 논리적인 일관성을 확보하는 장점이 있다.

정경성 중심의 설교학 이론들의 단점도 만만치 않다. 성경 내러티브 본문의 지엽적인 구절들이나 개념으로부터 보편적인 교훈을 추출하려는 과도한 교리화의 집착이 나타날 수 있기 때문이다. 그래서 1980년대 이후 한국교회에 소개된 이후로 여러 설교학적인 논쟁을 끌어내었던 화란 개혁파 교회의 구속사 설교 논쟁(redemptive historical homiletics)은, 성경 내러티브 본문에 대한 모범적 교훈 중심의 설교(moralistic preaching)가 내러티브의 논리적인 흐름에 담긴 등장인물의 원인 행동과 영적 차원의 결과의 상호 관계를 지나치게 인과율(因果律, cause-effect relation) 프레임에 치우침으로 하나님의 거시적인 섭리적 주권을 선포하는 성경 저자의 수사적인 취지를 제대로 살려내지 못함을 올바로 지적하였다.

본문성과 정경성의 기준으로 20세기 (성경해석학과 함께) 설교학 이

4 안상혁, "청교도 교리 설교: 토마스 왓슨," Joel Beeke, "청교도 교리설교의 변화시키는 능력," 김병훈 "교리를 말하는 본문설교,"『한국교회를 위한 청교도 설교의 유산과 적실성』(수원:합신출판부, 2020).

론들을 평가하자면, 성경 해석학자들은 성경 본문의 장르에 따른 충분한 해석(본문성)을 강조할 수 밖에 없다. 반대로 구속사 설교론을 중시하거나 조직신학적 배경, 또는 청교도 신학의 배경 속에서 설교의 교리적 차원을 중시하는 입장에서는 정경성에 더욱 무게를 둘 수 밖에 없다. 목회 현장의 설교자들 입장에서는 본문성에 비중을 더 두는 주석서 중심의 설교(학)와 정경성에 비중을 더 두는 설교(학) 사이에서 적절한 균형을 유지하기가 생각처럼 쉽지 않다. 이런 이유로 일선 목회자/설교자들로서는 주해-원리화-설교의 3단계 설교학적 이동 과정을 균형 있게 따라가기가 매우 어렵다.

2. 전문 주석서에 대한 설교학적 모델 부족

1980년대 이후 최근까지 한국교회와 한국의 설교학계에서는 강해설교의 전통 뿐만 아니라 구속사 설교론, 내러티브 설교론, 장르별 설교론 등등의 다양한 설교학 이론들이 쏟아져 나왔고, 또 최근에 아브라함 쿠루빌라는 성경 본문의 문단이 독자에게 투사하는 본문의 세계에 관한 문단신학을 통하여 성경 본문의 설교학적인 이동에 관한 좀 더 진전된 설교학 패러다임을 제안하였다.[5] 이렇게 최근에도 계속 발전 중인 현대 설교학은 마치 춘추전국시대 난립하던 제자백가 사상들처럼 수많은 설교학적인 이론들의 군웅할거(群雄割據) 양상을 보이고 있다.

성경적인 설교 또는 강해설교에 대한 설교학자들의 통전적인 이론은, 거의 대부분 성경 본문에 대한 역사적 해석과 문학적 해석, 그리고 신학적 해석의 기본 패러다임으로 수렴하고 있음에도 불구하고, 세부적인 성경 장르나 성경 해석학의 영역으로 들어가면 여전히 설교이론과 (목회 현장에서) 설교실천 사이의 심각한 괴리감이 느껴진다.[6]

5 Abraham Kuruvilla, *Privilege the Text; A Theological Hermeneutics for Preaching,* 이승진 역 『본문의 특권: 설교를 위한 신학적 해석학』 (서울: CLC, 2023).

6 강해설교의 전통 안에서 형성된 3단계 설교학적인 이동에 관한 설교학적인 합의는 주로 한국교회 목회자/설교자들의 세계에서 추구하는 합의점으로 간주될 수 있다. 강해설교의 전통 안에서 수렴된 설교학적인 합의는 학문적인 논쟁 중심의 설교학계가 시도하는 설교학적인 합의(a homiletical consensus)와 사뭇 다를 수 있다. 저명한 설교학자 루시 로즈는 설교학적인 이동에 관한 설교학계의 합의점을

즉 성경의 세부 장르별 본문에 대한 문학적인 주해와 원리화, 그리고 설교 적용의 3단계 과정을 포괄할만한 충분한 설교 모델이 뒤따라 발전하지 못한 상황이다.

예를 들어 20세기 설교학자들은 [대표적으로 Thomas Long[7]과 Steven W. Smith처럼[8]] 성경의 장르에 따른 강해설교를 열심히 제안하였다. 그러나 20세기 설교학이 정경성에 기반한 강해설교론이나 구속사 강해설교론으로 발전하면서 설교학자들이 성경 본문에 대한 충분한 주해를 강조하고 장르별 해석 전략을 아무리 강조하더라도, 이들 설교학자들의 해석학 지평은 전문 주석서를 저술한 성경해석학자들의 해석방법론을 충분한 깊이로 평가하지 못하고 있으며, 기존의 강해설교 이론을 세부적인 장르별 주석서에 충분히 적용한 설교 작성법 모델이 뒤따라 발전하지 못하고 있다.

복음서의 천국 비유에 관한 해석과 설교에서도 유사한 문제점이 발견된다. 크레이그 블름버그는 복음서에 기록된 예수님의 천국 비유

◇

전통적인 설교학(traditional homiletics)와 케리그마 설교학(kerygmatic homiletics), 그리고 변혁적 설교학(transformational homiletics)의 세 영역으로 정리하였다. Cf., Lucy Atkinson Rose, *Sharing the Word: Preaching in the Roundtable Church*, 이승진 역 (서울: CLC, 2010), 81.

7 Thomas Long, *Preaching and the literary forms of the Bible*, 박영미 역, (서울: 대한기독교서회, 1995).

8 Steven W. Smith, *Recapturing the Voice of God: Shaping Sermons Like Scripture*, 김대혁, 임도균 역, 『본문이 이끄는 장르별 설교』 (서울: 아가페북스, 2016).

에 관한 통합적인 해석 이론을 제시하였고 비유 설교에 관한 저서까지 출판하였다. 그는 2천년 교회 역사 속에서 발전한 비유 해석의 전체 역사를 고찰하고, 또 20세기에 등장한 독자반응비평까지 모두 섭렵한 다음에 예수님의 비유는 단 하나의 의미만이 아니라 2차적인 의의까지 가능하다는 결론에 도달하였다. 이러한 크레이그 블룸버그의 제안은 예수님의 천국 비유에 수사비평 뿐만 아니라 신해석학파의 입장이나 독자반응비평까지 적용한 결과물이지만, 개혁주의 설교학의 관점에서는 결코 동의할 수 없는 제안들이 들어 있다.[9]

설교 현장의 설교자들이 경험적으로 체득한 바와 같이, 구약의 선지서와 지혜문학, 또는 신약의 서신서 본문을 원리화하는 과정은 구약의 내러티브나 신약의 복음서와 사도행전의 내러티브 본문을 원리화하는 과정과 분명한 차별성이 요구된다. 예를 들어 "네 부모를 공경하라"는 십계명 본문에 대한 설교학적인 이동은 다윗과 골리앗의 싸움에 관한 내러티브의 설교학적인 이동과 전혀 다르다. 하지만 성경 내러티브에 관한 깊이 있고도 풍성한 여러 권의 주석서들에 견줄만큼의 강해설교집이 상대적으로 빈약한 점은, 목회 현장의 설교자들에게는 '장르별 강해설교'가 저 하늘의 무지개처럼 결코 도달할 수 없는 이상적인 목표로만 남이 있는 요인인 것 같다.

9 이승진, "내러티브 모형론에 따른 예수님의 천국 비유 해석과 설교," 『성경이 말씀하는 설교』, (수원: 합신출판부, 2022), 251-5.

제3장

월터 브루그만의 사회-수사학적 내러티브 해석

1. 월터 브루그만의 사회-수사학적 해석 배경
2. 사회-수사학 독법의 목회적인 효과
3. 사회-수사학 독법의 아쉬운 점

월터 브루그만은 세계적인 구약학자로서 다수의 저서와 주석서들이 국내에도 소개되었다.그가 저술한 『사무엘상,하: 목회자와 설교자를 위한 주석』도 여러 목회자들과 설교자들에게 널리 읽히고 있다.[10] 그러나 월터 브루그만이 심혈을 기울여 저술한 『사무엘상,하: 목회자와 설교자를 위한 주석』은 전통적인 개혁주의 노선의 독법에서 상당한 거리를 두고 있다. 월터 브루그만은 전통적인 역사적, 문학적, 신학적 해석 방법론 대신에 사회-수사학 비평 방법론을 따라서 사무엘상·하를 해석하였다.

두 방법론의 분기점은 사무엘상·하의 역사성에 근거한 교리화(또는 원리화)에 있다. 브루그만은 사무엘상·하의 역사성에 근거한 교리화를 시도하는 해석으로는 결코 "내러티브가 의도하는 요점에 도달

---

10 Walter Brueggemann, *Interpretation : First and Second Samuel*, 차종순 역, 『사무엘상,하: 목회자와 설교자를 위한 주석』 (서울: 한국장로교출판사, 2000).

할 수 없다"고 본다.[11] 브루그만은 그 대신 "내러티브의 등고선을 따르는 예술적인 읽기를 통하여" 후대 독자들이 정치, 사회적인 권력의 현실주의와, 이스라엘의 상상력이 만들어낸 다윗이라는 특출난 인물 묘사, 그리고 정치, 사회적인 권력의 현실 속에서 다윗이라는 특출난 인물을 통하여 은밀한 방식으로 자신을 나타내시는 여호와 하나님의 섭리, 세 요소 (권력의 현실, 신화적인 다윗, 하나님의 섭리) 사이의 거룩한 대화에 참여할 수 있다는 것이다.[12]

브루그만은 사무엘상·하에 대한 사회-수사학 해석의 결과물을 다음 두 저술에 집중적으로 담았다. 『다윗의 진실: 이스라엘의 상상력과 기억 속에 새겨진』 (*David's Truth in Israel's Imagination and Memory*)[13]은 사무엘서와 역대기에 대한 사회-문예-신학적 해석을 시도하였고, 『하나님 나라의 권력투쟁』 (*Power, Providence, & Personality: Biblical Insight into Life and Ministry*)[14]은 권력, 섭리, 성품의 세 가지 주제가 다윗 내러티브를 통하여 탁월한 방식으로 하나님 나라의 모자이크를 연출해내고 있음을 다루었다.

<>

11 Walter Brueggemann, 『사무엘상,하: 목회자와 설교자를 위한 주석』, 27.

12 Walter Brueggemann, 『사무엘상,하: 목회자와 설교자를 위한 주석』, 29.

13 Walter Brueggemann, *David's Truth in Israel's Imagination and Memory*, 주현규 역, 『다윗의 진실: 이스라엘의 상상력과 기억 속에 새겨진』 (서울: 대서, 2022).

14 Walter Brueggemann, *Power, Providence & Personality: Biblical Insight Into Live and Ministry*, 류의근 역, (서울: CLC, 2013).

1. 월터 브루그만의 사회-수사학적 해석 배경

월터 브루그만은 구약의 내러티브를 해석하면서 전통적인 역사적 해석 방법론 대신에 조지 멘델홀(George E. Memdenhall)이나 노만 갓월드(Normal Gottwald)와 같은 구약신학자들이 적극 발전시켰던 사회학적인 비평 방법을 자신의 구약성경 해석에 활용하였다.[15] 사회학적 성경해석의 쟁점은, 구약의 내러티브에 등장하는 인물들의 상호관계를 문자 그대로 역사적으로 실제 발생한 사건이나 사실로 해석하지 않고, 다윗과 같은 영웅적인 인물들로부터 자극을 받은 다양한 사회 계층을 대변하는 목소리들이 여기 저기에서 쏟아져 나와 여러 구전들이나 문서 전승을 형성하고 유포되다가, 후대 편집자의 창의적인 수사적 전략을 따라서 최종적으로 편집되었다고 보았다.

1960, 70년대에 구약성경에 대한 사회학적인 해석(sociological interpretation)을 시도했던 학자들, 조지 멘덴홀(George Mendenhall)이나 닐스 렘키(Niels Lemche)는 다윗을 사회적 변두리 계층인 하비루(Habiru)로 간주했고, 존 맥켄지(John McKenzie)는 다윗을 도적떼의 일

15 Brueggemann은 예루살렘을 가리켜서 "네 하나님이 통치하신다"라는 시편 저자의 수사적인 평가는 "이스라엘을 여호와의 통치권에 해당되는 많은 사람들 중의 한 백성으로 위치하는 관점 속에 들어 있다"는 Norman Gottwald의 사회학적 해석을 그대로 수용하였다. Walter Brueggemann, *Cadences of Home: Preaching among Exiles,* 이승진 역, 『본향의 리듬: 탈교회 시대의 설교』 (서울: CLC, 2018), 253. no 27. Cf., Norman K. Gottwald, *All the Kingdom of the Earth,* (New York: Harper & Row, 1964), 188-204.

원(a bandit)으로 보았다. 브루그만은 이런 배경 속에서 다윗이 속한 지파의 사회적 성격을 당시의 주류 문화에 대하여 대체로 반-문화적인(counter-cultural) 성향을 띄는 것으로 전제하였다.

월터 브루그만은 삼상 16장 1절 ~ 삼하 5장 5절을 해석하고 그 해석의 결과물을 "지파의 염원이 가득 담긴 진실"이란 제목으로 정리하였다. 브루그만이 "사용한 '지파'라는 단어는 노만 갓월드(Morman Gottwald)가 제시한 개념을 빌려온 것으로, 사회적으로 편성된 조직(regimentation) 내지는 하나의 주권적인 통치 단위에 해당하는 주(state, 州)와 구별되는 사회 구성 단위를 뜻한다. 나는 지금 단순히 촌구석에 처박힌 소수 민족으로 이루어진 어설프기 짝이 없는 미조직 공동체에 대해서 말하려는 것이 아니라, 그 사회의 필요와 강요에 따라 주변적인 역할을 감당하기 위해서 각 지역에 분산 조직된 연합체를 설명하려는 것이다."[16]

브루그만은 구약성경에 등장하는 다윗 내러티브에 관한 사회-수사학 독법에서 역사적인 다윗(historical David)보다는 구약 전승 안에서 내러티브 문학 작품을 통하여 새롭게 구성된 다윗(constructed David)이 더 중요하다는 점을 거듭 강조하였다: "이 책에서 우리가 관심을 갖고 살펴보려는 것은 '역사적인 다윗'(historical David)이 아니라는 점을 꼭

◇

16 Walter Brueggemann, *David's Truth in Israel's Imagination and Memory*, 주현규 역, 『다윗의 진실: 이스라엘의 상상력과 기억 속에 새겨진』 (서울: 대서, 2022), 70.

염두에 두길 바란다.... 우리에게 주어진 구약 전승(tradition) 안에 새롭게 구성된(constructed) 다윗을 살펴보는 것만큼 우리를 압도하거나 흥미진진하게 하진 않을 것이다. 다윗은 이스라엘의 상상력과 이스라엘의 공적 역사에 막대한 동력을 공급하는 주된 엔진과 같은 역할을 담당한다는 사실을 인식하는 것이 중요하다. 그런데 이 다윗은 많은 사람들의 손을 거쳐 문학적으로 다듬어지고 창의적으로 묘사된 인물이다"(Brueggemann, 2022, 49-50).

이렇게 월터 브루그만은 다윗 네러티브를 사무엘상하의 저자가 역사적 실존 인물과 관련하여 발생한 계시 역사적 사건을 언어적으로 전환(linguistic turn)한 계시의 연결고리 본문으로 이해하지 않고, 다윗이 당시 사회적으로 기득권층으로부터 억압당하던 공동체와 비슷한 후대의 여러 반문화적인 공동체 내 여러 편집자들의 손을 거쳐 완성된 결과물이라는 것이다. 다윗의 여러 초상들(portraits)은 "저자에 의하여 만들어진 무기력하거나 수동적인 결과물이 아니라, 드라마에 등장하되 그 드라마 각본을 쓴 저자마저 놀라움에서 헤어나오지 못하게 할 만큼 자신의 삶을 주도적으로 이끌어가는 등장인물과 같은 인물"이라고 한다(Brueggemann, 2022: 50). "우리가 성경에서 찾아볼 수 있는 다윗에 관한 여러 가지 초상들은 가만히 있어도 인력이 작용하는 자석처럼 독자를 강력하게 끌어당기는 기억(magnetic memory)에 입각해서 그려진 것인데, 이것이야말로 이스라엘의 상상력이 갖는 가장 지속적이며 두드러진 핵심 특징이다"(Brueggemann, 2022:51).

말하자면 성경 내러티브가 묘사하는 다윗은 역사적으로 실존했던 다윗과 전혀 다르다고는 할 수 없더라도 정확하게 일치하는 방식으로 묘사된 다윗과는 (분명히) 다르다는 것이다. 문학적인 다윗은 역사적 다윗의 여러 성품들을 경험했던 이스라엘의 다양한 계층 사람들이 다양하게 남겼던 구전들이 사무엘서나 역대기를 기록하는 단계에서 최종적으로 편집되고 구성된 다윗이라는 것이다. 이렇게 구성된 다윗은 독자들의 독서 과정에서 새롭게 경험하는 문학적 상상력 속에서 새롭게 탄생하여 내러티브 안에서 선례로 보여준 것처럼 주류 문화의 패권적인 질서에 저항하여 새로운 대안 세계를 창조하도록 수사적인 실행력을 발휘하며 독자들을 새로운 수사적 정체성으로 초청한다는 것이다.

2. 사회-수사학 독법의 목회적인 효과

브루그만이 자신의 성경 독법에서 이렇게 역사적인 다윗보다는 성경 내러티브가 독자들에게 투영하여 문학적 상상력으로 구성된 다윗을 더 중시하는 이유가 있다. 그것은 역사적인 다윗보다는 문학적으로 구성된 다윗이, 단순한 몇 가지 도덕윤리에 의하여 지탱되는 것처럼 보이는 전통적인 기독교의 축소 환원주의 논리보다 절대로 비할 수 없이 풍성할 정도로 후대 독자들에게 훨씬 삶의 모순과 아이러니, 그 모순된 삶 속에 잠행하듯이 동반되는 하나님의 은밀한 섭리를 훨씬 더 사실적이면서도 변혁적으로 그리고 감동적으로 전달해 주기 때문이라는 것이다.

브루그만이 보기에 성경해석자가 발굴하여 오늘의 절망 중인 신자들에게 제시해야 할 진리는 간단한 구호나 명제문으로 축소될 수 없다. 브루그만에게는 명제문으로 표현되는 진리나 도덕률은 그의 수사학적 관점에서 볼 때 매우 무책임하고 독자나 청중의 변혁에는 너무나도 무능력해 보이기까지 하다.[17]

그의 말을 직접 들어보자! "다윗에 관한 성경 본문들에 묘사되어 있는 것처럼, 어떤 진실이 다른 차원의 진실과 갈등과 충돌을 일으킨

17 Walter Brueggemann, Cadences of Home, Preaching Among Exiles, 이승진 역, 『본향의 리듬: 탈교회 시대의 설교』 (서울: CLC, 2018), 82-3.

다는 점은 목회 사역에서 흔히 발견되는 매우 일상적인 현실이다. 다양성과 독창성을 밋밋하게 만들어 지극히 평범한 것으로 전락시켜 버리는 경향이 강한 미국 문화 특히 미국 교회문화 내에서, 성경의 메시지들이 서로 다른 음조와 선율로 긴장을 자아내고, 그 진실이 함께 충돌하며 때로는 아이러니와 역설로 가득찬 복잡미묘한 의미를 창출해낸다는 사실을 인식하는 것은 실로 엄청난 일이다.

우리가 완수해야 할 너무나도 중요한 목회적 책임과 의무는, 우리가 이 책에서 '진실'이라고 부르는 용어의 관점에 따라 우리네 인생의 진실이 성도들의 삶의 정황 한복판에서 강요된 균형과 안정의 탈을 쓴 복잡다단한 현실에 대해서도 실제적인 영향을 끼친다는 점을 바로 그 성도들에게 일깨워주는 데에 있다"(Brueggemann, 2022:34-35).

브루그만은 다윗의 이야기가 내러티브를 통해서 구성된 다윗의 입을 빌려 독자들에게 진리를 간접적으로 전달하기 때문에, 그 진실은 단일한 공식이나 정형화된 어구로 축소되거나 환원될 수 없다고 주장한다. "성경은 오직 내러티브라는 문학적 장르를 수단으로 그 진실을 진술하기 때문이다. 그런데 그 진실은 고약스럽게도 모호성과 불가해성 그리고 다양성까지 한데 어우러진 채로 우리에게 다가온다. 진실은 그 실체를 드러내다가도 금방 그 자취를 감추어버린다"(Brueggemann, 2022:56). 성경 본문의 의미는 다의성(polyvalence)을 향하여 활짝 열려 있다는 것이다.[18]

이런 맥락에서 브루그만은 성경의 다윗 내러티브가 후대 독자들에게 신학적인 의미에 관한 진리를 전달하고 있음은 인정하더라도 그 진리에 도달하는 과정은 그렇게 간단명료하거나 자명하지 않음을 강조한다. 그래서 그는 “역사적 내러티브에서 진실은 늘 애매모호한 특수성(ambiguous specificity)을 띤다”는 점을 강조한다(Brueggemann, 2022:54). “본론에서 본격적으로 드러나게 될 인물인 다윗은 애매모호한 부분이 하나도 없는 그런 평면적인 사람이 아니다. 지금 나는 진실이란 모름지기 다양한 면모(polyvalent)를 갖기 마련임을 주장하려는 것이다. 또 진실은 여러 방향으로 움직이기 일쑤다. 따라서 진실은 오직 하나의 단일한 공식이나 정형화된 어구로 축소하거나 환원해서는 안 된다. 진실 안에는 풍성한 의미와 각양각색의 통찰들로 가득하다. 이는 너무나 분명한 사실이다”(Brueggemann, 2022:56).

브루그만에 의하면, 성경의 진리는 모호성과 불가해성으로 가득 차 있지만, 그 메시지가 제대로 발굴되고 선포되기만 한다면 뒤따르는 목회적 효과는 결코 작지 않다는 것이다. 구약 내러티브에 대한 사회-수사학적 해석의 유익은, 위로는 거룩하신 하나님의 신비에 접근하는 해석자의 겸손에도 잘 어울리고, 수평적으로는 동일한 사회적 모순과 냉대를 살아가는 현대의 신자들에게도 새로운 대안 세계를 열어 준다는 것이다.

18 Walter Brueggemann, Cadences of Home, Preaching Among Exiles, 86.

먼저 수직적 차원에서 볼 때, 성경 내러티브를 이렇게 계속 다가가도 결코 도달할 수 없고 다만 영원토록 근사치에만 다가가듯이 성경을 해석해야만, 참으로 '파악될 듯하다가 결코 파악되지 않는' 영원하신 하나님의 말씀 현존(elusive presence)의 심오한 품위와 격조에 어울리는 성경 독법이라는 것이다.[19]

사무엘상하에 대한 월터 브루그만의 사회학적 해석은 긍정적으로 평가하자면 단순한 구속사 해석이나 그리스도 일원론적 해석이 편협한 원리화에 집착하느라 성경 본문이 풍부하게 머금고 있는 다윗과 사울 당시의 사회학적인 권력 암투의 실상을 보수적인 해석자들의 얕은 해석과는 결코 비교할 수 없을 정도로 생생하게 잘 짚어내고 있어 보인다. 브루그만이 보기에 다윗과 사울의 권력 다툼에 관한 사무엘상,하의 내러티브는, 역사적으로 실제 발생한 사건을 통하여 영원한 구속 역사를 전개하는 하나님의 계시 말씀이라기보다는, 사람들의 사회학적 갈등의 차원에서 공통적으로 일어남 직한 권력 투쟁의 심층을 최대한 고려한 창조적인 이스라엘 선지자들이 그러한 심층 속에서 은밀하게 진행되는 하나님의 섭리에 대한 신학적 이해를 암시하며 유도하는 창조적인 문학 작품이라는 것이다. 다윗과 사울의 권력

19 이런 맥락에서 Walter Brueggemann은 Samuel Terrien의 'elusive presence'에 관한 통찰을 좋아한다. Walter Brueggemann, *David's Truth in Israel's Imagination and Memory*, 54-55. Cf., Samuel Terrien, The Elusive Presence: Towards a New Biblical Theology, Religious Perspective 26 (New York: Harper & Row,m 1979), 282.

암투 진행 과정이 단순한 드라마틱한 옛날이야기가 아니라 오늘날 (직장에서나 인간관계 속에서) 수많은 심리적 및 사회적 파워와의 갈등 문제를 헤쳐 가는 현대의 신자들에게 성경 내러티브를 통하여 새로운 영적 대안 세상으로 들어가도록 이끄는 (심미적인) 도약대를 제공한다는 것이다.

3. 사회-수사학 독법의 아쉬운 점

1) 해석학의 과도한 압력에 따라 새롭게 재편되는 성경의 목소리

이러한 브루그만의 사회-수사학적 독법(socio-rhetorical interpretation)은 개혁주의 설교학의 입장에서 어떻게 평가할 수 있을까? Stellenbosch Univ.의 저명한 신약신학자 콤브링크(Combrink) 교수는, 최근의 주경신학자들이 본문 해석이나 주경 작업의 저변에서 활용하는 특정 해석학은 텍스트 자체의 수사학에 순응하는 것이 아니라 텍스트 자체의 수사학을 압도한다는 점을 지적하였다.[20] 사회-수사학 비평(socio-rhetorical criticism)의 대가인 버논 로빈스(Vernon K. Robbins) 교수도, 사회-수사학 관점의 성경 독법은 획일적인 독법을 배격한다는 점을 강조하였다.

사회-수사학 독법의 저변에서는 성경 본문에 대한 완전 영감을 액면 그대로 철저하게 존중하는 자세가 뒤로 밀려난다. 왜냐하면 이들 보기에 성경 본문은 그 자체로 완전하고 통일된 하나의 문학 세계를 투영하는 단일한 발원체가 아니라 다양한 목소리들이 다양한 층위를 따라서 편집된 복잡한 편집물이다. 그리고 성경 본문이 어떤 독자에

<>

20 HJ Bernard Combrink, "The Challenges and Opportunities of A Socio-Rhetorical Commentary," *Scriptura* 79 (2002), 106-121.

게든 단일한 문학 세계를 투영하는 단일한 발원체가 아니라 매번 다가갈 때마다 마치 '홀로그램 큐브'(holographic cube)처럼 다양한 색깔로 조합된 빛의 진리를 매번 다르게 품어내기 때문이다.

월터 브루그만이 성경 해석을 통하여 도달하는 "진실이란 모름지기 다양한 면모(polyvalent)를 갖기 마련임을 주장"한[21] 통찰이 그에게는 성경해석의 목회적 공헌의 근거라고 할 것이다. 하지만 거꾸로 목회적인 위로와 소망의 근거로 청중에게 제공되는 본문의 의미가 늘 변화무쌍한 홀로그램처럼 다가온다면, 칼빈이 주장했던 성경 말씀의 단순 명료한 조명은 (설교자의 심령과 청중의 심령 속에서 성령의 감동에 따른) 분명한 논리적 준거점을 상실할 수 밖에 없다. 사회-수사학 독법이 성경해석을 위한 양날의 검이라면 한쪽 날은 성경의 등장인물을 오늘날 현대 사회의 수 많은 권력과 목소리 속에서 갈등하는 신자들에게 새로운 대안 세계를 열어 주는 탁월성을 발휘할 수 있어 보인다.

그러나 그 독법의 반대편 칼날은 성경 배후의 역사적 사실성을 문학적 상상력만큼이나 충분히 존중하지 않고 가차 없이 잘라내 버릴 수 있다는 문제가 도사리고 있다. 브루그만의 독법대로 설교자가 청중에게 본문 내레이터의 수사적 실행력이라고 짐작하는 서사적 상상력의 세계를 심미적으로 구현하는데 집중하다 보면, 그러한 서사적

21 Walter Brueggemann, *David's Truth in Israel's Imagination and Memory*, 54.

상상력으로 공감하는 하나님의 말씀이라는 것이 역사적 사실성의 기반이 빠진 화려한 문예적이고 심미적인 환상의 세계에 불과해도 좋다는 말인가?

2) 역사적 사건의 선행성과 기록을 통한 언어적 전환

히브리서 저자는 "믿음의 주요 또 온전하게 하시는 이인 예수를 바라보자!"(히 12:2)고 권면한다. 여기에서 믿음의 주인 예수 그리스도는 믿음의 내용과 믿음의 대상, 그리고 믿음의 효과의 3요소로 구분된다. 성경 해석의 목표가 믿음을 더욱 견고하게 강화하는 것이라면, 믿음의 대상은 삼위일체 하나님이다. 믿음의 효과는 (설교자를 포함하여) 신자와의 연합이다(*intra nos*). (설교자가 신자들에게 선포할) 믿음의 내용은 믿음의 대상이신 삼위일체 하나님이 우리 신자들 바깥에서(*extra nos*) 우리 신자들을 위하여 행하신 역사적인 구속 계시이다(*pro nobis*). 그에 따른 믿음의 효과는 하나님이 행하신 과거 구속 사건이 신자들에게 새로운 창조 사건으로, 새로운 하나님의 대로로 열림으로 그 믿음의 길을 따라 순종의 삶을 살아가는 것이다.

설교자가 다윗의 내러티브에서 해석하여 발굴하는 믿음의 내용은 비록 언어적 전환(linguistic turn)을 통하여 여러 문학 장르의 형식에 보존되어 있지만, 그 내용은 전부 역사적 사건으로 발생한 내용이다. 역사적, 문학적, 및 신학적 3중의 성경해석에서 역사적 해석과 문학적 해석은 둘 중 하나를 선택해야 하는 취사선택의 문제가 아니라 한 덩어리로 이루어진 의미를 찾는 해석이다. 그럼에도 브루그만의 문학적 해석은 성경 본문이 일부는 역사적 내용이고 또 일부는 역사적 사건과 무관한 은유나 비유, 또는 상징과 같은 문학적인 내용만 서술하고 있다는 오해를 불러일으킬 수 있다. 역사적 사건의 선행성을 부정하고 서사적 상상력의 세계만을 강조할 때, 그러한 서사적 상상력의 세계를 예민한 미학적 감수성으로 제대로 포착해 내지 못하는 경우에 발생하는 믿음과 현실의 간격의 문제는 과연 누구 책임인가?

"하나님의 나라는 말에 있지 아니하고 오직 능력에 있음이라"(고전 4:20). 성령 하나님께서 설교자의 메시지에 빛을 비추어 조명하시는 능력으로 나타날 때, 칼빈의 관점에서 그 조명은 설교자의 성경 해석에 대한 깨달음의 조명과 설교자의 입에서 선포되는 메시지가 청중의 심령 속에서 동일한 깨달음으로 깨달아지도록 하는 이중적 조명이다.

그러나 사회-수사학적 해석은 성경 본문이 암시하는 여러 편집자들이나 등장인물들의 제한적인 의미 전달의 목소리가 오랜 시간이 흐른 다음에 어떤 설교자나 어떤 청중에게는 자신이 전혀 의도하지 않았던 엄청난 의미의 발현, 또는 더 충만한 의미(sensus plenior)의 실현으로 이루어진다고 주장하는 셈이다. 이것이 가능하다고 생각하는 성경 해석이나 설교에 관한 이론이 가현설적 설교(docetic preaching)다.

그래서 월터 브루그만의 성경 독법을 성경 내러티브의 역사적 사실성과 문학적인 상상력을 통한 독자편에서의 수사적인 의도나 수사적인 화행의 효과라는 두 가지 저울추의 무게로 그의 성경 독법을 평가하자면, 그의 독법은 분명 내러티브 본문의 역사적 사실성을 희생해서라도 문학적인 상상력을 통한 독자편에서의 수사적인 화행의 효과에 더 무게중심을 싣고 있다. 그래서 "구속 역사적인 실제 사건의 선행성이 그의 해석학 패러다임 속에서는 문학적인 작품 세계의 우선성 뒤로 희미하게 사라지는 것은 아쉬움으로 남는다."[22]

3) 성경적 세계관과 하나님의 절대적인 구원

"관찰 없는 사고는 공허하고, 사고 없는 관찰은 맹목"이라는 말이 있다.[23] 이를 성경 해석에 적용하자면 "역사가 없는 계시는 공허하고, 계시가 없는 역사는 맹목"이다. 개혁파 설교자들이 구약과 신약의 신학적인 연관성을 모형론으로 해석하는 중요한 이유가 있다. 구약의 모형이 이미 (예표적이지만) 이스라엘 백성들 삶의 실존과 인생과 역사 속에 초월적인 하나님의 찾아오심과 희생제물을 통한 죄용서를 역사적으로 실행했음을 보여주듯이 새언약의 주인이신 예수 그리스도의 성육신 사건도 구약의 모형론적인 어린양과 동일하게 초월적인 하나님

22 이승진, "역자 서문", Walter Brueggemann, *Cadences of Home: Preaching among Exiles,* 이승진 역, 『본향의 리듬: 탈교회 시대의 설교』 (서울: CLC, 2018), 165.

23 김용규, 『생각의 시대』 (서울: 김영사, 2020), 213.

의 찾아오심과 희생제물을 통한 죄용서를 (2천 년 전의 갈보리 언덕의 십자가 처형 사건을 통하여) 역사적으로 실행했음을 그대로 보여주는 동일한 연속성 때문이다.[24]

오늘 기독교 신자들의 역사적인 믿음이 성부 하나님께 거룩한 제물로 열납될 수 있는 근거도 신자 개인의 예민한 문학적 상상력에 의존하는 것도 아니고 성경 본문의 수사적인 실행력을 자기 삶 속에서 그대로 실행하려는 개개인의 투철한 사명의식이나 역사의식에 의존하지 않는다. 그보다는 설교자가 본문의 역사적 사실성 위에 굳게 서서 성경 본문의 세계를 자신의 실존적인 신앙의 세계로 경험하고 그렇게 경험한 하나님의 말씀을 청중도 동일하게 경험하도록 선포할 때, 비로소 성령 하나님의 감화감동하시는 역사를 통하여 그 설교자와 신자의 믿음을 하나님이 거룩한 제물로 열납하시면서 이들을 통한 말씀의 새 역사가 계속 이어질 수 있기 때문이다.

사도 바울은 자신의 복음전도가 하나님을 향한 자기 개인의 열정이나 노력의 문제가 아니라 독생자 그리스도를 이 세상에 보내셔서 자기 백성들을 구속하시려는 성부 하나님의 작정과 그리스도의 순종,

◇

24 성경의 완전 영감을 따르지 않는 학자들에게 모형론 해석은 해석자의 해석 작업 바깥에서(*extra nos*) 하나님의 자녀들을 위하여(*pro nobis*) 객관적으로 발생한 계시 역사(*historia revelationis*)가 아니라 성경의 문학 작품을 구속사의 예언과 성취라는 은유적인 프레임으로 해석하는 신학 역사(*historia theologiae*)일 뿐이다. Cf., 존 스텍, "성서 모형론의 어제와 오늘," 『구약신학: 본문과 해석』 (서울: 솔로몬, 2000), 69-70.

그리고 성령 하나님의 감화감동이 선행하고 있기 때문임을 다음과 같이 분명하게 선포하고 있다. "우리는 우리를 전파하는 것이 아니라 오직 그리스도 예수의 주 되신 것과 또 예수를 위하여 우리가 너희의 종 된 것을 전파함이라"(고후 4:5). 사도 바울은 자신의 복음 전도와 설교 사역의 핵심을 가리켜서 "그리스도 예수의 주되신 것과 또 예수를 위하여 우리가 너희의 종 된 것"으로 압축하고 있다. 이 두 가지 핵심 메시지 중에서 "그리스도 예수의 주 되신 것"은 사도 바울 바깥에서 발생한 객관적인 구속 역사라면, 이 객관적인 구속 역사가 고린도교회 신자들을 위한 복된 소식으로 받아들여지기 위해서는 사도 바울이 고린도교회 신자들을 위하여 파송된 하나님의 종이자 하나님의 대사라는 권위와 설득력이 나타나야한다.

그 권위와 설득력은 고린도교회 성도들이 목격했던 사도 바울의 고난, 복음전도를 위한 고난이었다. "우리가 사방으로 우겨쌈을 당하여도 싸이지 아니하며 답답한 일을 당하여도 낙심하지 아니하며 박해를 받아도 버린 바 되지 아니하며 거꾸러뜨림을 당하여도 망하지 아니하고 우리가 항상 예수의 죽음을 몸에 짊어짐은 예수의 생명이 또한 우리 몸에 나타나게 하려 함이라"(고후 4:8-10).

사도 바울이 복음전도에서 가장 중요하게 여기는 것은 "우리를 전파하는 것이 아니라"는 단언으로 집약되는 모든 세속적인 목적이나 가치, 수단들이 아니다. 그보다는 나사렛 예수가 여호와 하나님이 보내신 구세주이심(과거 구속사, *extra nos*)과 바울 자신이 하나님의 구속 역사 진행을 위하여 특별하게 선택되었다는 하나님의 절대 섭리에 대한 확신(의 신성한 증거)이다. 이런 하나님의 섭리와 자신의 선택, 그 배후에 있는 하나님의 섭리가 현재를 살아가는 모든 인생들을 하나님의 절대적으로 선취된 미래 구속 역사 속으로 흡수하고 있다는 판단이다: "주 예수를 다시 살리신 이가 예수와 함께 우리도 다시 살리사 너희와 함께 그 앞에 서게 하실 줄을 아노라(고후 4:14)." 이 문장의 주어부는 우리 바깥에서(*extra nos*) 발생한 과거 하나님의 구속 사건을 서술한다. 술어부는 미래에 우리 안에서 발생할 영생의 삶을 서술한다(*intra nos*).

성경적 세계관에서 중요한 것은 우리 인간의 현재 인식 바깥에서(*extra nos*) 초월적으로 삼위 하나님이 객관적인 차원에서 실행하신 과거와 미래의 창조와 구속 사건이다. 우리 신자의 현재 구원은 철저하게 우리 바깥에서 일방적으로 발생한 하나님의 절대 주권적인 구원의 선행성에 대한 (언어적 선포와 이에 대한 성령 하나님이 감동에 따른) 우리 인간 편에서의 법정적인 동의에 의하여 부수적으로 얻어지는 것이지(*intra nos*), 우리 인간 편에서의 수사적인 선포나 심미적인 깨달음에 의하여 과거에 역사적이고 문자적으로 발생하지 않았던 영적인 사건이 우리 마음 속 안에서나 밖에서 새롭게 발생할 수 있는 것이 아니다.

"주의 말씀은 내 발에 등이요 내 길에 빛이니이다"고 할 때, 하나님의 말씀이 신자의 인생에 왕의 대로를 만들어내는 능력은, 서사적 상상력에 달린 것도 아니고 구약 내러티브에 대한 심오한 심미적 감각의 탁월성에 달린 것이 아니다. 하나님의 말씀이 신자의 인생에 왕의 대로를 열어 주는 능력으로 발휘되는 이유는, 하나님의 말씀 그 자체가 항상 새로운 창조의 능력을 발휘하기 때문이다. 하나님의 과거 구속 역사와 미래 구속 역사가 신자의 현재 신앙을 흡수하는 것이지, 신자의 현재 서사적 상상력에 하나님의 미래 구속 역사의 향방이 달려 있지 않다.

제4장

성경 내러티브에 대한 언약 법률적 해석

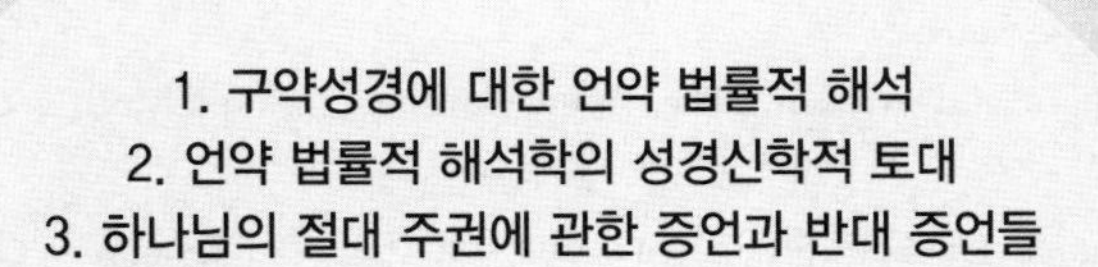

1. 구약성경에 대한 언약 법률적 해석
2. 언약 법률적 해석학의 성경신학적 토대
3. 하나님의 절대 주권에 관한 증언과 반대 증언들

1. 구약성경에 대한 언약 법률적 해석

20세기 초엽부터 저명한 구약신학자들은 십계명이나 신명기를 고대 근동의 힛타이트 종주권 계약 문서의 관점에서 하나님과 이스라엘 백성들 사이에 채결된 언약 문서, 또는 이스라엘이 언약을 파기했을 경우에 뒤따르는 법정적 상황에서의 언약소송의 관점에서 해석해왔다.[25]

먼저 헤르만 궁켈(Hermann Gunkel)은 이사야와 예레미야를 포함한 몇 몇 선지서에서 하늘과 땅, 그리고 높은 산들로 이루어진 법정적 상황에서의 연설 양식(style of a speech before a court)을 취하고 있다고 주장하였다.[26] 그 이후 어니스트 라이트(G. Ernest Wright, 1950, 1962), 조지 맨

25 Richard M. Davidson, “The Divine Covenant Lawsuit Motif in Canonical Perspective,” *JATS* 21 (2010): 83.

26 Hermann Gunkel, “Propheten Israels seit Amos,” in *Religion in Geschichte*

델홀(George E. Mendenhall, 1954), 허버트 후프만(Herbert Huffmon, 1959), 제임스 뮬렌버그(James Muilenburg, 1959), 메러디스 클라인(Meredith G. Kline, 1960), 데니스 맥카시(Dennis J. McCarthy, 1963), 클라우스 발쳐(Klaus Baltzer, 1971), 케네스 앤더슨 킷촌(Kenneth Anderson Kitchen, 1978), 그리고 21세기 들어서는 리차드 데이빗슨(Richard M. Davidson, 2007), 폴 로랜스 (Paul J. N. Lawrence, 2011)이 구약의 모세오경이나 선지서 그리고 시편에 대한 하나님과 이스라엘 사이의 언약 법률적 논쟁, 또는 언약 소송 관점의 연구를 진행하고 있다.[27]

이렇게 구약 성경에 대한 언약 법률적 관점의 해석은 세계적인 구약신학자 월터 브루그만의 반대-증언에 관한 통찰을 통하여 더욱 발전하였다. 브루그만에 의하면 구약성경에는 하나님을 향한 이스라엘의 핵심 증언 뿐만 아니라 그 반대편의 증언들도 가득하다고 한다. 그 반대편의 증언은 이스라엘의 핵심 증언에 담긴 정금 같은 신앙고백이 단련되도록 하는 고난의 반대-심문 과정에서 형성되었고, 고난의 반대-심문 과정에서 하나님 부재에 관한 끔찍한 반대-증언과 최고 균형과 조화를 유지한다는 것이다.

und Gegenwart, 2nd ed. (Tübingen: Mohr, 1909-1913), 4: 1553. 궁켈은 다음의 구절들에서 법정적 연설 양식이 발견된다고 주장하였다. (사 1:2-20; 3:13-15; 41; 42; 43:9ff; 렘 2:4-9, 10-13; 미 6:1-16; 호 2:4-23; 시 50:7-13; 82).

27 Franklin A. Marti, *"Witness" And "Bearing Witness" In The Legal Settings Of The Pentateuch And The Gospel Of John: An Intertextual Study*, Andrews University 2017 doctoral dissertation.

"진실을 말하는 것이 증인이 하는 일이다... 더욱이 법정은 증인에 의해서 주어진 (사건의) 실체에 대한 설명이나 해석을 참으로 받아들이기도 한다. 간혹 증인은 속임이나 자기-속임에 개입할 수도 있어서,...사건의 실체에 대한 증인의 설명이나 해석의 적합성을 시험하는 것이 법정이 하는 일이다. 이 시험은 반대-심문(cross examination)이란 과정을 통해 이루어지며, 법정은 이 반대심문으로 증언의 사실 여부를 조사한다. 그 조사 목적은 증언의 적합성, 일관성, 신뢰성, 그리고 다른 증거와의 일치성 등을 조사하려는 것이다. 다른 증거와 일치하지 않다고 판명되어지면, 법정은 이 증언을 실체에 대한 믿을 수 없는 설명이요 이해라고 거부할 개연성이 높다."[28]

"나는 반대-심문의 과정이 이스라엘의 담대한 증언에, 즉 세상을 변화시키는 야웨의 '위대한 행동들'을 증거하는 이스라엘의 증언에 꼭 필요하다고 제안한다. 더욱이 반대심문의 과정은 구약본문 그 자체에서, 즉 도처에서 논쟁적인 성격을 보여주는 구약본문 속에서 지속적으로 흘러가고 있는 듯하다.... 결과적으로 반대심문은 증언 기록의 일부를 구성하며, 동시에 이스라엘에게 있어서 반대심문은 증언 그 자체가 이루어지는 하나의 방편으로 이해되어진다"(Brueggemann, 2003:513-514).

28 Walter Brueggemann, *Theology of The Old Testament, Testimony, Dispute, Advocacy*, 류호준, 류호영 역, 『구약신학』 (서울: CLC, 2003), 513.

브루그만은 이스라엘의 신앙의 흔적이 기록된 구약 성경은 한편으로는 하나님의 현존성과 선명성, 그리고 긍정성을 증언하지만, 그 반대편에서 하나님의 은닉성, 모호성, 그리고 부정성에 대한 반대-심문이나 반대 증언으로 가득 차 있다고 본다. 브루그만이 구약성경에서 주목하는 은닉성과 모호성, 그리고 부정성은 주로 시편의 탄식시나 선지자들의 하나님 부재에 대한 탄식, 그리고 신앙의 모순과 아이러니를 묘사하는 (욥기와 전도서와 같은) 지혜문학에서 나타난다는 것이다.

브루그만은 이스라엘 신앙 표현에 나타난 하나님, 또는 그 분의 섭리의 은닉성과 모호성, 그리고 부정성의 일차적 기원을 신학적인 대화의 주체인 여호와 하나님으로부터 필연적으로 생겨난다고 보면서도, 좀 더 합리적이고 학문적인 근거를 제시하고자 ① 미드라쉬에 나타난 반대 증언과, ② 프로이드의 반대-심문을 통한 심리 분석의 확실성, ③ 유대인 대학살의 논리적 해명의 절대적 한계, ④ 자크 데리다의 해체주의적 독법의 네 가지가 공통분모에 주목하였다. 그 공통분모라는 것은 다음과 같은 증언의 공정성에 관한 객관적 평가의 필요성이다.

여호와 하나님의 현존성과 선명성, 그리고 긍정성에 관한 천편일률적인 증언이 만일에 반대심문의 검증을 제대로 통과하지 못하면, 그 증언은 항상 독선과 우상숭배로 빠지는 반면에, 반대심문과 반대 증언을 통해서 극복되고 끝까지 살아남은 증언이야말로 참다운 진실의 여호와 하나님 증언에 최대한 가깝도록 해 줄 것이라는 것이다.

"증인으로서의 이스라엘은 만약 야웨가 지속적으로 비판을 받고 전복되어지지 않는다면, 야웨 역시 하나의 절대적인 그리고 절대화하는 우상이 되어버릴 것이요 이것이 바로 시내산에서 행했던 모세의 항변적이고 해체적인 작업이 목표로 삼았던 것과 동일한 종류의 일이라는 점을 알고 있었다."[29]

필자가 보기에 성경 내러티브의 반대 증언에 관한 통찰은 성경 내러티브가 대조-암시-모순의 틀 의미 프레임을 활용하여 독자들에게 입체적으로 제시하는 신학적인 의미를 풍성하고도 깊이 있게 이해할 해석학적 통찰을 제공한다. 하지만 반대 증언에 관한 브루그만의 통찰의 문제점은, 성경 본문에서 발견되는 하나님 부재와 침묵의 문제, 모호함, 그리고 부정성의 의미가 담긴 목소리를 발화자가 발화 시점에서 법률적인 분별력의 관계를 맺고 있는 청취자와의 대화 시점에서 주고받는 실제 대화로 인정하지 않는다는 것이다. 브루그만이 의미하는 반대-증언은 여호와 하나님에 대한 이스라엘의 찬양과 감사의 신앙고백이 그 반대편에서 하나님 부재로 인한 탄식과 절규와 대칭을 이루고 있다는 것이다. 그런 의미에서 브루그만의 반대-증언은 수사적인 반대-증언이다.

그러나 필자가 브루그만의 반대-증언에서 아쉬워하는 것은 내러

◇

29 Walter Brueggemann, *Theology of The Old Testament, Testimony, Dispute, Advocacy*, 536-7.

티브 안에 등장하는 주인공과 대적자 사이의 증언과 반대-증언의 균형 저변에 깔린 역사성을 간과하려 한다는 점이다. 브루그만에 의하면 반대-증언의 역사적 사실성보다는 후대의 창조적인 편집자들이 여호와 하나님을 향한 유대인들의 신앙의 심오한 깊이를 확장할 목적으로 신앙적 증언들 사이에 반대-증언들을 적절하게 배치함으로써 여호와 하나님의 심오한 경륜과 섭리에 내포된 그 분의 은닉성과 모호성, 그리고 부정성을 그 어떤 문학작품과 견줄 수 없는 수준으로 깊이 있고도 빽빽하게 서술했다는 것이다.

이런 이유로 필자는 브루그만과 비슷하게 성경 내러티브에 대한 증언과 반대심문의 관점에서 다윗 이야기를 해석하지만, 그 목적은 브루그만과 분명 다르다. 성경 내러티브를 다양한 사회-수사학적인 목소리들의 층위로 해체하고 사회정치권력의 프레임 안에서 재구성하여 동일한 수사적 전략이 현대의 사회정치적 권력 갈등 속에 있는 기독교 청중들에게 새로운 대안을 열어주기 위함이 아니다. 그보다는 성경 내러티브 안에 문자적으로 등장하는 인물들을 언약 법정 안에서 하나님의 말씀에 대한 법률적 분별력을 전제한 증언과 반대심문의 관점에서 해석함으로써, 등장인물(다윗의 왕권)에 대한 조력자들(요나단, 아비가일)의 증언이 하나님의 공의로운 법정에서 최대한 대적자들(사울, 나발, 아기스왕)의 반대 심문과 반대 증언을 통해서 완벽한 공의를 달성하고 있음에 주목하고자 한다.

2. 언약 법률적 해석학의 성경신학적 토대

하나님 나라의 통치는 창세기 1장 1절에서 우주적인 법정의 설치로부터 시작된다. 태초에 하나님이 창조하신 하늘은 하나님 나라 통치의 근간인 하나님의 말씀이 선포되는 곳이라면, 땅은 하나님 보좌로부터 선포된 말씀이 그대로 실현되는 하나님의 발등상이다. 하늘 하나님의 보좌와 땅 하나님의 발등상 사이가 우주적인 언약 법정을 형성한다. 우주적인 언약 법정에서 하나님의 말씀 통치의 패턴은 에덴동산의 창조언약에서 시작하여 노아언약과 아브라함언약, 모세언약, 다윗언약, 그리고 새언약의 예언과 성취로 진행된다.

언약의 역사는 여호와 하나님이 자기 백성들과 영원한 통치와 연합을 목적하는 언약 관계를 맺으시고 그 언약 관계의 증표인 율법의 말씀을 통해서 그 거룩한 목적을 달성해 가는 과정이다. 이 과정에서 하나님의 자녀들은 신국(神國)의 통치 근간을 형성하는 모세율법을 통하여 하나님의 통치의 유익을 누리도록 보장을 받았다. 여호와 하나님은 모세언약을 통하여 (특히 신명기 17장 14-20절에서) 하나님의 말씀 통치를 왕과 선지자, 그리고 제사장에게 위임하였고, 이들이 하나님 나라의 언약관계를 지탱하는 법률적 근간인 모세율법의 말씀에 철저히 순종할 것을 강조하였다.

네가 네 하나님 여호와께서 네게 주시는 땅에 이르러 그 땅을 차지하고 거주할 때에 만일 우리도 우리 주위의 모든 민족들 같이 우리 위에 왕을 세워야겠다는 생각이 나거든 반드시 **네 하나님 여호와께서 택하신 자를 네 위에 왕으로 세울 것**이며 네 위에 왕을 세우려면 네 형제 중에서 한 사람을 할 것이요 네 형제 아닌 타국인을 네 위에 세우지 말 것이며 그는 병마를 많이 두지 말 것이요 병마를 많이 얻으려고 그 백성을 애굽으로 돌아가게 하지 말 것이니 이는 여호와께서 너희에게 이르시기를 너희가 이 후에는 그 길로 다시 돌아가지 말 것이라 하셨음이며 그에게 아내를 많이 두어 그의 마음이 미혹되게 하지 말 것이며 자기를 위하여 은금을 많이 쌓지 말 것이니라 **그가 왕위에 오르거든 이 율법서의 등사본을 레위 사람 제사장 앞에서 책에 기록하여 평생에 자기 옆에 두고 읽어 그의 하나님 여호와 경외하기를 배우며 이 율법의 모든 말과 이 규례를 지켜 행할 것이라** 그리하면 그의 마음이 그의 형제 위에 교만하지 아니하고 이 명령에서 떠나 좌로나 우로나 치우치지 아니하리니 이스라엘 중에서 그와 그의 자손이 왕위에 있는 날이 장구하리라(신 17:14-20).

사람들 눈에 보이지 않으시고 영원히 하늘 보좌에 좌정하신 여호와 하나님의 지상 통치는 신국(神國) 의 근간 법률인 모세언약의 계명을 하나님이 기름 부어 세운 왕과 선지자, 그리고 제사장들의 직무에 대한 철저한 준행을 통해서 이루어진다. 왕으로 기름부음 받은 자, 메시아에게 네 가지 요구조건이 부과된다. 첫째는 신국 법률의 숙지(17-18절), 둘째는 내면에서의 선명한 법률적 판단(이 성본능으로 방해 받지 않을 것), 셋째는 눈에 보이는 가시적인 부귀영화의 업적으로도 선명한 법률적 판단이 방해받지 않을 것. 넷째는 하나님의 율법에 대한 철저한 숙지와 철저한 법률적 판단에 따른 판결 준수. 그러나 만일에 기름 부어 세운 왕과 선지자, 그리고 제사장 그 누구라도 신국 법률 규정을 어기면 하나님의 혹독한 징계와 심판이 뒤따를 것을 경고하였다(신 18:18-22).

모세언약 이후의 구속 역사를 서술하는 다윗 왕국에 관한 내러티브는 (다윗이나 요나단처럼) 모세율법을 통하여 공표된 신국의 법률에 대한 순종의 길을 걸었던 인물들이 언약의 하나님이 제공한 모든 가시적인 축복을 누렸고 (사울과 같이) 불순종에 따른 하나님의 철저한 징계를 받았다는 판례(判例)를 보여준다.

필자가 다윗 내러티브를 법정적인 판례처럼 해석하는 근거는 다음과 같다. ① 성경 전체를 관통하는 언약신학(하나님 주도적인 언약 채결과 이스라엘의 언약 파기에 대한 후속 조치들) ② 우주적인 법정을 구성하는 하나님의 통치와, 하나님이 그 자녀들과 맺은 영원한 언약 관계를 구현하도록 제공된 하나님 말씀, 그리고 신자들이 자신의 언행으로 구현하는 하나님의 말씀에 대한 법률적 판단과 실행에 관한 판례 내러티브. ③ 언약 법정에서 하나님과 이스라엘 사이의 언약소송을 중재하는 중보자들의 다양한 증언들, ④ 언약소송(covenant lawsuit) 사건과 관련하여 중보자로 등장하는 인물들의 사건 배경 설명, 언약파기를 기소하는 검사와 피고인을 변호하는 역할을 맡은 조력자들의 변론과 증언, 조력자들 증언의 공정성을 확인하기 위하여 등장하는 대적자들(antagonists)에 대한 반대 심문 절차(cross examination), 대적자들의 반대 증언들(cross testimony), 그리고 내레이터의 신학적인 평가로 압축되는 재판관의 최후 판결문.

필자는 성경 내러티브가 등장인물들 상호 간의 대화나 사건에 관한 묘사를 통하여 (우주적인 언약 법정에서) 언약 관계에 대한 법률적 판단이 요청되는 다양한 증언들과 증언들 이후의 재판관의 판결에 따른 판례를 후대 독자들에게 제공하고 있다고 본다. 성경 내러티브의 법률적 판례들 속에는 여러 등장인물들이 등장하며 등장인물들 간의 여러 대화와 사건이 묘사되고, 줄거리 플롯이 전개된다.

3. 하나님의 절대 주권에 관한 증언과 반대 증언들

성경 내러티브에 등장하는 여러 등장인물들은 이후에 나오는 여러 대화와 사건들을 통하여 대조적인 의미 관계와 모순적인 의미 관계를 형성한다. 먼저 의인과 악인은 하나님의 절대 주권의 말씀을 중심축으로 선명한 대조 관계를 형성한다. 사무엘 선지자나 다윗은 하나님의 절대 주권을 의식하고 변론하며 그 말씀을 순종하는 의인이다. 다윗과 골리앗의 이야기에서 가장 대표적인 하나님의 절대 주권에 대한 변호 증언 중의 하나는 다윗이 골리앗을 향하여 달려갈 때 다음과 같이 제출된다. "너는 칼과 창과 단창으로 내게 나아 오거니와 나는 만군의 여호와의 이름 곧 네가 모욕하는 이스라엘 군대의 하나님의 이름으로 네게 나아가노라…"(삼상 17:45-47). 반대로 사울왕이나 블레셋은 하나님의 절대 주권을 무시하고 훼방하는 악인들이다.

내러티브의 플롯이 전개되면서 의인의 말씀 순종은 독자들로 하여금 하나님의 보상을 기대하도록 만든다. 반대로 악인의 말씀 대적은 독자들로 하여금 하나님의 징계를 기대하도록 한다(다양한 암시 관계). 그러나 성경 내러티브의 전개가 계속 이어지면서, 의인들의 말씀 순종에 대한 하나님의 보상은 종종 지연되고 예상치 못했던 고난이 찾아오며 심각한 위기에 직면한다.

예를 들어 다윗이 골리앗을 무찌르고 이스라엘 백성들로부터 칭찬과 존경을 한 몸에 받기 시작하였지만, 곧 이어 사울왕은 다윗의 인기를 시기질투하여 그를 죽이고자 한다. 다윗은 하는 수 없이 사랑하는 아내 곁을 떠나고 궁궐을 떠나 광야로 도망친다. 이러한 고난의 과정에서 성경 내러티브의 기본 플롯이 변형되고 모순 관계가 형성된다. 의인의 말씀 순종은 오히려 고난을 가중시키고, 악인의 불순종은 오히려 번영을 가져다주는 것처럼 보인다.

그럼에도 의인은 끝까지 하나님의 절대 주권을 지키고 악인은 이를 철저히 무시한다. 이러한 대조적인 관계 속에서 의인은 하나님의 절대 주권에 관한 믿음 때문에 자신의 모든 유익을 포기한다. 반대로 악인은 의인과의 갈등 관계에서 하나님의 절대 주권에 대한 믿음이 없음으로 의인을 대적하고 박해한다. 하나님의 축복을 누려 마땅한 의인은 악인 때문에 고난을 당한다. 반대로 악인은 하나님의 절대 주권을 대적하면서도 의인들의 희생과 헌신 덕분에 하나님의 징계와 심판이 지연되는 축복을 얻는다.

다윗의 이야기에서 독자들이 쉽게 발견할 수 있는 대표적인 증언은 다윗이 의인 편에서 광야에서 대적자 사울왕의 목숨을 두 차례 살려준 이유다. "내가 손을 들어 여호와의 기름 부음을 받은 내 주를 치는 것은 여호와께서 금하시는 것이니 그는 여호와의 기름 부음을 받은 자가 됨이니라.... 누구든지 손을 들어 여호와의 기름 부음 받은 자를 치면 죄가 없겠느냐(삼상 24:6; 26:9). 다윗의 증언은 사울왕과의 대적 관계에서 자신은 철저하게 하나님의 기름 부으심에 관한 절대 주권을 자기 목숨을 걸고서라도 철저하게 지키고 있음을 생생하게 보여주었다. 이를 통해서 하나님의 악인과 의인을 구분하지 않은 무차별적인 은총을 생생하게 증언한다.

그러나 (하나님의 우주적인 언약 법정에서) 하나님의 절대 주권에 대한 믿음이 없었던 사울왕은 왕권에 대한 탐욕 때문에 다윗을 기필고 죽이고자 하였다. 사울왕은 너무나도 왕권에 집착했기 때문인지 자신은 거대한 하나님의 구원의 경륜과 섭리 속에서 의인을 (하나님이 직접 심문하는 것이 아니라 대적자를 동원하여) 반대 심문하는 하나님의 도구로 사용되고 있음을 깨닫지 못했다.

그러나 다윗 이야기의 기승전결 전체를 이야기 바깥에서 바라보는 독자는 다윗과 사울의 상호 작용 전체를 하나님의 (계시적인) 시각으로 내려다 볼 수 있는 특권을 누린다. 독자편에서 볼 때 사울왕의 끔찍한 탐욕이나 증오보다 더 엄청난 부분이 있다. (하나님의 우주적인 언약 법정에서는) 하나님의 무차별적이고 무조건적인 은총은 반대로 하나님의 차별적이고 조건적인 공의와 조화를 유지해야 한다는 것이다. 하나님의 무조건적인 은총과 조건적인 공의와의 최고 신비로운 조화와 일치에 대한 인정과 평가는 하나님 편에서 일방적으로 선언되는 것만으로도 부족하고, 또 의인들 편에서 일방적인 고백이나 찬양만으로도 부족하다. 여기에 더하여 (하늘의 영들과 땅의 사람들, 그리고 땅 아래 있는 모든 만물들과) 특히 하나님을 대적하고 하나님의 백성들을 대적하는 악인들 편에서, 그리고 그 악인들 배후에 있는 사탄 마귀들까지 모두가 동의하는 반대 증언(counter testimony)이 제출되어야 한다는 것이다.

다윗의 이야기를 예로 든다면, 다윗이 사울왕을 대체하는 이스라엘 군왕의 정당한 자격을 인정 받는 것은 다윗이 골리앗을 무찌른 직후 이스라엘 백성들 입에서 쏟아지는 증언만으로는 부족하다는 것이다. 다윗의 대적자 사울왕에게서 그리고 이스라엘 나라의 대적자 블레셋의 최고 군왕 아기스왕과 그의 방백들까지도 인정해 주어야 한다는 것이다.

예를 들어 다윗에 대한 대적자 사울왕의 반대 증언은 두 차례나 자기 목숨을 해치지 않은 다윗에게 하나님의 복을 빌어준 것이다: "사울이 다윗에게 이르되 내 아들 다윗아 네게 복이 있을지로다 네가 큰 일을 행하겠고 반드시 승리를 얻으리라 하니라"(삼상 26:25).

이렇게 성경 내러티브 안에서 대적자들(antegonists)의 역할은 의인과 의인의 증언의 진위 여부를 철저하게 확인하고자 반대 심문(cross examination)을 진행하고, 결론부에서는 의인들에 대한 최종적인 반대 증언(cross testimony)을 제출하는 것이다. 이런 대조적이고 모순적인 과정을 거치면서 의인들은 악인들을 향한 하나님의 차별 없는 사랑을 끝까지 증언한다. 공의의 하나님의 통치와 섭리의 관점에서 볼 때, 대적자들의 반대 증언은 의인이 앞으로 누리게 될 하나님의 축복은 단 1%라도 악인 편에서는 불만을 가질 수 없음을 의미한다. 반대로 악인들에게 뒤따르는 모든 저주와 심판의 책임이 상대편 의인(과의 비교) 때문도 아니고 (조건적이고 차별적인 은총을 베푸시는) 하나님 때문도 아니라 철저하게 악인 자신의 책임, 즉 자신의 패역과 교만과 하나님의 뜻을 대적함에 있음을 의미한다.

필자는 성경 저자가 언약 법규에 관한 등장인물들의 순종과 불순종에 따른 법률적 판결을 내러티브로 기록하여 후대의 독자들도 동일한 법률적 분별력을 얻도록 하려는 수사적인 목적이 담긴 법률적 판례의 관점에서 성경 내러티브를 해석하고자 한다.

제5장

다윈 내러티브의 판례 해석과 원리화

1. 다윗과 사울의 갈등 내러티브(삼상 16장)
2. 수금 연주 내러티브(삼상 16:14-23)의 해석과 원리화
3. 골리앗과의 전투 내러티브(삼상 17장)
4. 왕권에 관한 사울과의 갈등 내러티브(삼상 18장)
5. 사울 왕을 살려주는 내러티브 (삼상 24장, 26장)
6. 적장 아기스왕과 방백들 내러티브(삼상 27, 29장)
7. 다윗 내러티브의 신학적 의미와 원리화

앞에서 확인한 바와 같이, 사무엘상,하는 하나님의 신정정치의 근간을 형성하는 모세율법(또는 모세언약)이 가나안 땅으로 들어간 이스라엘 백성들의 삶 속에서 등장한 언약의 중보자들(왕, 선지자, 제사장)의 순종과 불순종의 삶 속에서 어떻게 구현되었는지에 대한 하나님 통치의 판례(判例, precedent, case-law)를 제시한다.

필자는 브루그만이 사무엘서와 역대기에 대한 사회-문예-신학적 해석을 시도한 『다윗의 진실: 이스라엘의 상상력과 기억 속에 새겨진』(*David's Truth in Israel's Imagination and Memory*)과[30] 권력, 섭리, 성품의 세 가지 주제가 어떻게 다윗 내러티브를 통하여 탁월한 방식으로 하나님 나라의 모자이크를 연출하는지를 소개한 『하나님 나라의 권력투쟁』(*Power, Providence, & Personality: Biblical Insight into Life and Ministry*)

30 Walter Brueggemann, *David's Truth in Israel's Imagination and Memory*, 주현규 역, 『다윗의 진실: 이스라엘의 상상력과 기억 속에 새겨진』(서울: 대서, 2022).

을[31] 함께 읽어가면서, 다윗 내러티브의 핵심 구절에 관한 (법률적 분별력의 관점에서) 바람직한 원리화를 제안하고자 한다. 이를 위하여 필자는 사무엘상에서 전개되는 다윗과 사울의 갈등을 하나님 나라 언약 법정에서 각자 맡은 중보직 수행을 통하여 드러나는 법률적 분별력에 대하여 하나님의 판결이 사무엘상하를 통하여 다음과 같은 점진적인 구도로 진행되고 있는 것으로 해석하고자 한다.

31 Walter Brueggemann, *Power, Providence & Personality: Biblical Insight Into Live and Ministry*, 류의근 역, (서울: CLC, 2013).

1. 다윗과 사울의 갈등 내러티브(삼상 16장)

삼상 13장 사울왕이 블레셋과의 전쟁을 준비하는 과정에서 불순종.

삼상 15장 사울왕이 아말렉을 진멸하지 않음으로 하나님이 폐위를 결정.

삼상 16장 (1–13) 사무엘이 이새의 아들들 중에 막내 다윗에게 기름을 부음.

(14–23) 다윗이 악신들린 사울왕을 위하여 수금 연주자로 발탁됨.

삼상 17장 (1–11) 골리앗의 등장과 사울왕의 두려움

(12–40) 다윗의 등장과 골리앗을 향한 출전

(41–54) 다윗이 물맷돌로 골리앗을 물리침

삼상 18장 (1–16) 다윗에 대한 백성들의 사랑과 사울의 살인적인 증오

(17–30) 다윗을 향한 사울의 살해 음모와 다윗의 축복

삼상 24장 다윗이 동굴에서 사울을 살려주고, 하나님께 자신의 억울함을 탄원함.

삼상 25장 다윗이 나발을 살려주고 아비가일로부터 하나님의 축복을 승인 받음

삼상 26장 다윗이 다시 사울을 살려주고, 하나님께 자신의 억울함을 탄원함.

삼상 27장 다윗이 아기스왕 밑에서 모략을 발휘하여 이중 신분을 유지함.

삼상 28장 사울이 신접한 여인으로부터 자신의 최후에 관한 저주 선고를 들음.

삼상 29장 다윗이 아기스 왕의 출전으로부터 가까스로 풀려남

삼상 30–31장 다윗의 승리와 사울의 죽음

	사울에 대한 판결	다윗에 대한 판결
1심 판례	블레셋을 통한 하나님의 반대심문(13장) 사울의 왕자 요나단의 중보 책임 완수(14장) 사울의 거듭되는 불순종 & 폐위(15장)	사자와 곰을 통한 반대심문에 다윗의 중보적 변론 성공과 왕권 승인(16장)
	골리앗의 반대심문과 사울의 직무유기(17장A)	골리앗의 반대심문과 다윗의 통쾌한 격퇴(17장B)
2심 판례	다윗에 대한 사울의 (증오) 반대심문(18장A)	다윗에 대한 요나단의 왕권이양(18장B)
	다윗 왕권에 대한 사울의 2차례 반대심문과 왕권 승인(24, 26장)	다윗에 대한 나발의 반대심문과 아비가일의 왕권 승인(25장)
최종 판결	자기 왕권에 대한 죽은 사무엘의 반대 승인과 폐위의 반복적인 확인(28장)	다윗에 대한 아기스의 반대심문과 블레셋 방백들의 왕권 승인 (27, 29장)
	망자로부터의 반대심문과 사울 왕권 기각	이스라엘 외부의 반대증언 승소
	폐위 결정된 사울의 최종 죽음(31장)	아말렉 격퇴로 증명된 다윗 왕권의 정통성(30장)
후속 조치	사울 신하들의 (배반)반대심문으로 확인되는 사울의 폐위와 다윗왕권 승인(삼하 1-4장)	언약궤의 예루살렘 안치의 반대심문으로 확인되는 다윗 왕권 정통성(삼하 5-6장)
	다윗 언약 채결에 따른 중보직 완성(삼하 7-10장)과 밧세바 사건과 압살롬 반역으로 다시 흔들리는 다윗 왕권(11장 이후)	

[사울과 다윗의 대조적인 법률적 분별력과 이에 대한 하나님의 법정적 판결]

삼상13-15장은 사울왕이 블레셋과의 전쟁을 준비하는 과정에서 "길갈로 내려가서 사무엘 선지자가 일러줄 여호와의 말씀을 기다리라!"는 하나님의 말씀을 지키지 않고 자기 멋대로 전쟁을 개시함으로 모세율법에 근거하여 하나님은 사울왕을 폐위하기로 작정하셨다는 여호와 하나님의 (은밀한 섭리적 통치) 판결 사례를 보여준다. 뒤이어 16장은 사울왕의 폐위에 따른 후속조치로 다윗에 대한 수직적인 기름부음과 수평적인 백성들과 사울왕의 지지를 서술한다.

하지만 브루그만은 사무엘서와 역대기에 대한 사회-문예-신학적 해석을 시도한 『다윗의 진실: 이스라엘의 상상력과 기억 속에 새겨진』 (*David's Truth in Israel's Imagination and Memory*)에서 다윗 내러티브가 다양한 구전과 문전이 전승 및 유포되다가 최종적으로 편집된 것으로 해석하기 때문에 사무엘상 16장 해석 과정에서 그 이전 사무엘 13-15장과의 밀접한 의미적인 연관성을 배제하고 오히려 사무엘하와 열왕기상, 그리고 시편과 예언서의 넓은 문맥으로 해석하였다.

1장 : 지파의 염원이 가득 담긴 진실 (삼상 16장 1절 ~ 삼하 5장 5절)
2장 : 다윗의 고통스런 진실 (삼하 8-20장, 왕상 1-2장)
3장 : 왕국의 확실한 진실 (삼하 5장 6절 - 8장 18절)
4장 : 회중의 소망어린 진실 (시편 89편, 132편, 예레미야애가 3장 21-27절, 사 55장 3절, 대상 10-29장)[32]

브루그만은 구약의 역사서에 흩어진 다윗의 진짜 목소리에 담긴 진실을 사회-수사학의 비평을 통하여 최대한 편집자가 의도한 진의에 가깝게 복원하려고 했다. 브루그만이 다윗의 다양한 초상화를 통하여 현대 독자들에게 재구성하려는 진실은, 기독교 진리에 관한 명제문이나 산상수훈과 같은 단순한 도덕률로 축소 환원될 수 없다. 그가 보기에 신중한 해석자가 다윗 내러티브에서 꼭 발굴해야 할 다윗의 목소리는 온갖 모순과 아이러니로 가득 찬 역설적 진리라고 말할 수 있다. 그 역설적 진리가 제대로 선포되고 깨달아질 때 비로소 그보다 훨씬 모순과 역설로 가득찬 현대의 세속 사회를 살아가는 기독교 신자들에게 성경 인물들이 보여주는 새로운 대안 사회를 향한 변혁적인 언어, 변혁적인 희망을 시도할 수 있다는 것이다.

브루그만은 그 '진실 찾기 작업'을 "다윗이 어떻게 이스라엘 내러티브 전면에 등장하게 되었는지를 설명해주는 이야기"로부터 시작하였다.[33] "다윗이 급부상하는 과정을 그리는 이 이야기는 사무엘상 16장 1절을 기점으로 시작한다."

브루그만은 전통적인 역사적 및 문학적 해석 대신, 다양한 계층과

◇

32 Walter Brueggemann, *David's Truth in Israel's Imagination and Memory*, 주현규 역, 『다윗의 진실: 이스라엘의 상상력과 기억 속에 새겨진』 (서울: 대서, 2022), 62.

33 Walter Brueggemann, *David's Truth in Israel's Imagination and Memory*, 64.

다양한 사람들을 통한 구전과 문전의 편집을 고려하는 사회-수사적 해석을 따라서 다윗의 갑작스런 등장에 관한 이야기가 어디서 끝나는지는 상당히 모호하다고 보면서, 자신은 다윗이 이스라엘 통일 왕국의 왕으로 등극하는 장면이 나오는 사무엘하 5장 5절을 그 끝 지점으로 보고 이 전체 내러티브 안에서 다윗이라는 가공의 인물을 통하여 전하려는 '지파의 염원이 가득 담긴 진실'을 추적하기 시작한다.

브루그만은 사무엘서가 갑자기 다윗을 소개하는 내러티브(삼상 16:1-13)를 좀 더 세부적으로 1-3절, 4-5절, 6-10절, 11-13절의 네 장면으로 나누고, 각 장면의 핵심을 다음과 같이 정리하였다.

> ① 1-3절 : 하나님과 사무엘을 제외하고 이 내러티브에 등장하는 그 어떤 인물도 지금 무슨 일이 벌어지고 있는지 전혀 알지 못한다..... 갑자기 하나님의 명령이 사무엘 선지자에게 떨어진다. 이 담화 후반부는 야웨의 명령으로 이루어져 있다. "채우라/가라/보내리니" 이 세 개의 동사가 야웨가 사무엘에게 하신 말씀(명령)의 골자다. 감춰진 것이 거의 없는 이 명령에는 약간의 질책도 들어 있다. "이전에 너를 통해 사울을 왕으로 세웠으나 너는 실패를 낳고 말았다. 그러므로 이제 내가 직접 나서서 일을 올바르게 시행하리라 내가 이미 행동으로 옮겼고, 그렇게 확정되었느니라..... 내가 나 스스로 한 왕을 준비할 것이다." 내가 네게 알게 하는 자에게 나를 위하여 기름을 부을지니라. 이 첫 장면은 권위가 어디서 비롯되는지 확실히 보여준다. 지파의 근원은 매우 깊고 심오하다. 야

웨의 정하신 섭리와 목적을 그 근거로 삼아야 한다. 그렇기 때문에 사무엘상 16장 1-3절은 하나님의 행위에 기초한 지파의 진실을, 주도면밀한 학문적 접근방식을 넘어서는, 은밀하고 전복적이며 절대 타협할 수 없는 방식으로 다룬다.

② 4-5절 : 사무엘의 방문은 유다 사람들에게는 결코 평범한 일이 아니다. 아니, 사무엘의 등장 그 자체로 무엇인가 해결되지 않은 어떤 위험한 사건이 벌어질 것임을 알리는 전조다.... 이러한 일련의 과정은 극적인 효과를 발휘함으로써 독자들의 긴장감을 고조시킨다.

③ 6-10절 : 이 장면 안에서 두 개의 드라마가 동시에 진행된다. 이새의 일곱 명의 아들들이 차례로 사무엘 앞으로 지나가지만 모두 거절되는 것을 모두가 눈앞에서 그대로 목격할 수 있는 드라마이고, 또 다른 하나는 첫 번째 장면(16:1-3)처럼 야웨와 사무엘 사이에 벌어지고 있는, 따라서 이 둘을 제외한 다른 등장인물들에게는 감추어진 드라마다. 그 때와 마찬가지로 독자들은, 야웨와 사무엘을 제외한 여타의 등장인물들은 전혀 모르는, 은밀히 진행되는 비밀스러운 계획을 공유한다.... 사울은 이미 버림받았고, 엘리압 역시 버림받는다..... 그들은 외모가 수려하고 키도 큰 인물들이다. 이러한 사실은 해당 지파에게 정치적으로 매우 중요한 함의를 제공한다.... 선택될 만한 인물이 거절당했다는 이야기가 있다니 너무나 흥미롭다. 이 내러티브 기사는 일반적이고 틀에 박힌 관행

을 속속들이 다 안다는 듯이 그것에 제동을 건다. 그리고 이어서 선택에 관한 이야기에서 그 선택의 대상은 아무런 자격도 없으며, 훌륭하거나 뛰어나지도 않으며, 보잘 것 없는, 바로 우리 같은 사람일 것이다. 하나님께서 세상의 천한 것들과 멸시 받는 것들과 없는 것들을 택하사 있는 것들을 폐하려 하시나니(고전 1:26-31, 특히 28절). 그 보잘 것 없는 사람이 바로 이새의 여덟째 아들이다!

④ 11-13절 : 네 번째 장면은 사무엘이 이새에게 질문하는 것으로 시작한다. "네 아들들이 다 여기 있느냐?" 그의 목소리에 두려움이 묻어난다. 야웨의 약속이 이렇게 허망하게 끝난단 말인가? 반역자로 내몰릴지도 모르는 위험을 무릅쓰고 베들레헴까지 왔건만 모든 것이 허사였던가?... 그러나 바로 그 때 이새가 사무엘에게 대답한다. 또 다른 아들이 있다는 것이다... 이 시점에서 해당 지파는 다시 한 번 극적인 전환을 조심스레 기대한다. 우리처럼 존재감이 미미한 인물이 내러티브 안으로 성큼 들어왔기 때문이다. 그리고 그의 등장과 함께 모든 것이 급격히 바뀐다...."이가 그니... 기름을 부으라(12절_)." 이전에 그랬던 것과 달리, 사무엘은 야웨의 지시에 단 한 마디의 토를 달지 않는다. 그 때 바람이 강하게 불어와 다윗 위에 임한다. 지극이 비천한 자가 성령에 감동되는 순간이다... (성령의) 바람은 비천하고 보잘 것 없는 사람들에게 불어온다. 자 이제 그들은 어깨를 나란히 한다. 모든 것을 소유했으나 성령의 바람을 갖지 못한 힘 있는 자들과 함께.

브루그만에 의하면 삼상 16장 7절의 "용모와 키를 보지 말라.. 여호와께서는 중심을 보신다"는 의미는 '사울의 경우를 통해 사무엘이 체득한 하나님의 꾸지람'으로 해석한다(Brueggemann, 85). 이어서 브루그만은 다윗의 외모에 대한 내레이터의 평가, 즉 '그의 빛이 붉고 눈이 빼어나고 얼굴이 아름답더라'(13절)는 평가를 사무엘의 간절한 독백으로 해석하였다. 그래서 브루그만은 사무엘의 외모에 대한 판단과 하나님의 명령대로 기름부음을 실행한 두 행동 사이의 모순을 영구미제 사건으로 남겨두고 있다: "사무엘은 다윗의 외양을 보고 그에게 기름을 부은 것일까? 사무엘이 '용모와 키를 보지 말라'(삼상 16:7)는 하나님의 명령을 또 무시할만큼 또 속았단 말인가? 아니면 사무엘은 이새의 여덟째 아들의 준수한 외모를 보았음에도 불구하고, 그가 가진 남다른 중심을 소유했기 때문에 그에게 기름을 부은 것일까? 안타깝지만 이 질문들에 대해서 본문은 아무 말도 하지 않는다"(Brueggemann, 90).

그렇다면 브루그만은 '다윗의 기름부음 내러티브'(삼상 16:1-13)의 신학적인 의미 또는 후대의 독자들을 향한 교훈은 어떻게 이해할까? 브루그만에 의하면 이 내러티브는 하나님이 가져다주시는 새로운 대안 세계는 사회적인 강자나 상류층이 아니라 사회적 약자들이나 주변인들이 함께 모여 형성된 하층민 공동체가 기존의 질서와 가치관을 '뒤집어 엎는' 전복적 결단을 통해서 형성됨을 보여준다는 것이다.

이것이 브루그만이 다윗의 기름부음 내러티브를 통하여 현대 독자들을 설득하려는 본문의 신학적인 의미, 또는 원리화 메시지라고 할 수 있다. 즉 이 내러티브는 사회의 엘리트 지배층 인사들이 아닌 비주류 사람들과 소외된 자들이 기존 질서에 비추어 볼 때 충격적이고 전복적인 결단을 통하여 새로운 대안 세계를 만들어 감을 보여준다는 것이다. "이는 아래에서 시작하는, 반대로부터의 내러티브로서, 일부 상류 계층이 온갖 종류의 독점과 소외를 버젓이 자행하는 기존의 지배적인 세계를 '뒤집어엎는' 대안 세계를 제시한다"(Brueggemann, 92).

다윗의 돌발적인 등장을 서술하는 내러티브(삼상 16:11-13)는 브루그만의 독법 그대로 하나님께서 마치 "무에서 유를 이끌어 내는 창조(*ex nihilo*)의 통로"를 보여주며, 하나님의 무조건적이고 일방적인 은혜의 선택을 통하여 "가난한 자를 진토에서 일으키시며 빈궁한 자를 거름더미에서 올리사 귀족들과 함께 앉게 하시며 영광의 자리를 차지하게 하시는"(삼상 2:8)하나님의 절대적인 구원의 은총, 절대 주권적인 새 창조의 구원을 생생하게 보여준다. 이런 차원에서 다윗의 기름부음 내러티브에 대한 연관성 있는 설교의 원리화 메시지로 다음 두 가지 신학적인 중심사상을 제안할 수 있어 보인다.

① 전통적인 해석의 원리화 : 사람을 외모로 판단하지 않으시는 하나님은 영원히 멸망 받아 죽을 수 밖에 없는 죄인들에게 어느 날 갑자기 우리 인생 속으로 찾아오셔서 영생의 복음을 듣게 하시고 믿음을 주셔서 하나님의 자녀로 삼아주신다.

② 브루그만의 사회-수사학적 해석에 따른 원리화 : 사람을 외모로 판단하지 않으시는 하나님은 세상적인 평가 기준을 철저히 무시하시며, 사회적으로 억압을 받는 약자들을 통해서 세상이 감당할 수 없는 새로운 대안 세계를 창조하신다.

그러나 필자가 보기에 브루그만의 원리화는 지나치게 자신의 사회학적인 해석 방법론의 전제에 과도하게 치우친 것 같다. 그 이유는 (삼상 16장의) 다윗의 기름부음 내러티브에 관한 브루그만의 독법은 이어서 다윗이 사울왕을 괴롭히는 악령을 퇴치하는 수금 연주자로 발탁되는 내러티브에 대한 충분한 해석을 생략하고 곧바로 (삼상 17장의) 다윗과 골리앗 내러티브에 대한 해석으로 성급하게 건너 뛰어가고 있기 때문이다.

거꾸로 말하자면, '다윗의 기름부음 내러티브'(삼상 16:1-13)는 곧 이어 뒤따르는 '다윗의 수금 연주자 발탁 내러티브'(삼상 16:14-23)와 함께 독자의 해석 과정에서 대조-암시-모순의 틀 의미론에 따른 질문과 해답을 추적함으로 온전한 화행론적인 소통이 달성될 수 있다.

③ 필자가 제안하는 원리화 : 여호와 하나님은 그리스도 안에서 자기 백성들과 영원한 생명의 언약을 맺으셨다. 여호와 하나님은 영생의 언약이 그 백성들의 삶 속에 실현되도록 언약의 중보자를 세우시고 중보자를 통하여 백성들을 대리 통치하신다. 중보자의 역할과 사명을 훼방하

는 악한 세력들은 반드시 하나님의 심판을 받는다. 구약 시대 중보자들은 참 중보자 예수 그리스도를 예표한다.

'기름부음 내러티브'(삼상 16:1-13) : 사울은 이스라엘 통치자로 세움을 받았음에도 중보직분의 영적 의미를 제대로 이해하지 못하여 하나님 말씀에 불순종하고 결국 버림을 받았다. 하나님은 그 분의 수직적인 은혜와 수평적인 공의를 따라서 다윗을 기름 부어 새로운 중보자로 세우셨다. 수직적인 은혜는 하나님이 다윗을 새로운 중보자로 세우시는 선택의 일방성을 의미한다. 은혜에 따른 선택은 사망과 생명의 첫 번째 맞바꿈이다. 하나님이 다윗(신자)을 선택하시고 구원하실 때, 그리스도의 미래 희생 제물을 담보로 받아 맞바꾸시고 은혜를 베푸신다.

'연주자 발탁 내러티브'(삼상 16:14-23) : 수평적인 공의는 다윗이 하나님의 중보자다운 자격과 역량을 갖추도록 훈련하시고 연단하시는 섭리의 과정을 의미한다. 하나님이 다윗(신자)을 연단하시고 훈련하실 때에는, 은혜로 선택 받은 당사자(다윗)가 말씀과 성령의 감동을 따라 사망 권세 안으로 들어가서 희생 제물로 드려짐으로 다른 이스라엘 백성들(신자들)을 섬기고 그들이 생명을 얻도록 중보자의 역할을 감당한다.)

2. 수금 연주 내러티브(삼상 16:14-23)의 해석과 원리화

필자는 이 내러티브를 (14-16절, 17-18절, 19-23절의) 세 장면으로 구분하여 주해한 다음에, 본문의 신학적인 중심사상에 따른 설교 아웃라인을 제안하고자 한다.

1) 사울의 깊은 번뇌와 악령의 역사(삼상 16:14-16)

'다윗의 기름부음 내러티브'가 사울의 불순종에 대한 하나님의 확정된 폐위로부터 시작되는 것처럼, '다윗의 수금 연주자 발탁 내러티브도' 사울에게서 성령 하나님이 떠나고 그 대신 하나님이 부리시는 악령으로 인한 심각한 번뇌를 배경으로 시작한다. 독자들은 두 내러티브의 발단이 공통적으로 사울왕이 왕직 수행에 관한 계명의 불순종에 따른 하나님의 후속 통치(판결)와 관련되고 있는 점을 주목해야 이어지는 내러티브의 대조-암시-모순의 프레임 속에 담긴 의미를 제대로 포착할 수 있다.

당시 사울왕은 사무엘 선지자가 마지막으로 "왕이 여호와의 말씀을 버렸으므로 여호와께서 왕을 버려 이스라엘 왕이 되지 못하게 하셨다"는 하나님의 탄핵에 관한 저주의 말씀(삼상 15:26)을 들은 이후로 하나님이 어떻게, 그리고 누구를 통해서 자신의 왕권을 빼앗아 가실 것인지 깊은 번민에 빠졌을 것이다.

만일 독자들이 사울왕이 방금 전에 블레셋과의 전쟁에서 하나님 말씀에 불순종하고 또 아말렉을 진멸하지 않은 범죄로 하나님의 저주가 뒤따랐음을 잘 이해하지 못한다면, 내레이터가 악령의 출처를 하나님께로 기원하는 묘사 방식에 대하여 하나님의 섭리가 매우 편협하거나 당사자 사울왕에게는 매우 억울하겠다고 불평할 수도 있다. 여호와께서 부리시는 악령이 사울을 깊은 번뇌로 고통당하도록 하시는 이유는 무엇 때문일까? 세 가지 지평 속에서 분석해 볼 수 있다.

① 사울이 불순종 이후 하나님의 준엄한 진노가 떨어졌음에도 계속 한편으로 하나님의 심판을 회피하려는 무책임한 마음과 또 다른 한편으로 왕권을 계속 유지하고 싶은 사울의 간절한 탐욕 때문에 스스로 깊은 상실과 정신분열에 빠진 것일까? ② 아니면 사울왕은 평정심을 유지하려고 하지만 하나님이 징계하고자 사울의 정신을 압도하는 악령을 그에게 강제적으로 주입하려 하시기 때문인가? ③ 그것도 아니라면 뒤이은 내러티브 플롯처럼 다윗이 수금 연주자로 발탁되어서 사울왕의 궁전에 입성하는 계기를 만들기 위한 내레이터의 서사적인 전략을 위하여 사건의 인과관계를 그렇게 배치했기 때문일까?

이 단락으로만 보자면, 진행되는 정황은 다윗이 사울을 괴롭히는 악령을 퇴치하는 수금 연주자로 정당한 이유를 가지고 왕궁에 입성하는 배경 설명처럼 보인다. 또는 다윗의 수금 연주는 내레이터가 다윗을 우연히 사울과 연결시키기 위한 구실거리를 찾다보니 우연히 발견된 다윗의 연주 실력을 부각시키려는 의도가 들어 있는 것처럼 보이거나, 또는 브루그만의 입장처럼 그다지 중요한 의미가 없어 보이는 사소한 목소리에 불과할 뿐이다.

그러나 다윗의 연주자 발탁 내러티브는 그 앞의 다윗의 기름부음 내러티브와 마찬가지로 사울왕이 신명기 17-18장의 규례 불순종에 따른 우주적 재판관 하나님의 (은밀하지만 분명한 법률적 통치의 흐름 속에서 사울왕 폐위의 대안을 마련하시는) 연속적인 통치 판례의 출발점으로 해석되어야 한다. 사울 당시 이스라엘 신정정치를 위한 왕권의 책봉과 폐위는 기본적으로 두 가지 요건을 충족해야 한다. 자신이 먼저 하나님 말씀을 준행함으로 이스라엘 백성들을 지도할 자격을 갖추었음을 여호와 하나님으로부터 인정을 받아야 함과 동시에, 하나님이 특정인을 이스라엘의 지도자로 기름 부었음을 수평적으로 인정할만한 증거를 나타내 보여야 한다. 수직적으로는 하나님의 은혜에 따른 무조건적인 선택을 받아야 하고 수평적으로는 하나님의 공의에 따른 백성들의 동의와 존경을 얻어야 한다.

그러나 사울왕은 신명기 17-18장에 규정된 대리 통치 의무를 준행하지 않았으므로 폐위의 수순을 밟는다. 하나님은 사울을 대신할 새로운 왕을 지명하셨다. 그래서 사무엘을 통하여 다윗이 기름부음을 받았다. "사무엘이 다윗에게 기름을 부었더니 이 날 이후로 다윗이 여호와의 영에게 크게 감동되니라." 그렇다면 사울이 버젓이 왕궁에서 통치권을 행사하고 있는 상황에서 다윗이 기름부음 받은 날부터 즉시 사울은 모든 권력을 내려놓고 왕궁에서 떠나야 하고, 다윗은 즉시로 사울의 왕권을 넘겨받아서 이스라엘 전역에 하나님의 신정통치 대행을 시작할 수 있는가?

천만의 말씀이다. 숫한 질문들이 풀려야 한다. 가장 대표적인 질문이 이것이다. 왜 꼭 다윗이어야 합니까? 참소하는 사탄이 하나님의 처사가 불공평하다는 불평에 다윗 스스로 정당한 자격을 내보여야 한다. 이러한 불평은 욥기에서 사탄이 하나님께 질문했던 항의와 비슷하게 들린다: "사탄이 여호와께 대답하여 이르되 가죽으로 가죽을 바꾸오니 사람이 그의 모든 소유물로 자기의 생명을 바꾸올지라"(욥 2:4). 욥기 후반부가 욥의 고난이 하나님의 무한한 은총과 만유 통치의 권세에 동참할 자격을 갖추기 위한 하나님의 연단 때문인 것을 욥과 독자들에게 확인시켜 주듯이, 다윗의 수금 연주자 발탁 내러티브 역시 다윗의 기름부음 내러티브의 수직적 차원과 분명한 대조-암시-모순의 수평적 차원의 질문들에 대한 해답을 유감없이 보여준다. 법률적인 용어로 설명하자면 반대 심문 절차(cross examination)가 뒤따라야 한다.

2) 수금 연주자로 다윗을 추천하는 신하들(삼상 16:17-18)

사울왕은 왕직의 계명에 관한 불순종으로 폐위 처분을 받았지만 왕권에 대한 집착과 미련이 심각한 우울증과 정신분열증의 단계로 발전하고 있다. 이를 지켜보고만 있을 수 없었던 주변의 신하들이 나섰다. 그런데 내레이터는 사울의 신하들을 사울왕의 문제의 근원을 간파하는 동시에 그 근본 문제에 대한 해답을 미리 알고 있는 지혜자로 묘사한다.

사울의 신하들의 모습은 오래 전에 나일강변 갈대상자 속에서 울고 있던 아기가 '히브리 사람의 아기'임을 알고서 불쌍한 생각만 하고 있던 바로의 공주 앞에(출 2:6) 갑자기 등장하여 "내가 가서 당신을 위하여 히브리 유모를 불러다가 이 아기에게 젖을 먹이게 하리이까?"(출 2:7), 미리 준비하며 기다렸다는 듯이 제안하여 결국 아기 모세가 애굽왕 바로의 양자로 입양되도록 했던 모세의 누이 미리암을 떠올린다(출 2:1-10).

사울의 신하들은 애초에 목동 다윗이 "이새의 아들들 중에 수금을 탈줄 알고 용기와 무용과 구변이 있는 준수한 자로서 여호와께서 그와 함께 계신 것"을 미리 잘 알고서, 다윗을 사울왕에게 천거하려는 생각을 미리 가지고 있었을까? 앞에서 내레이터는 사울의 문제와 해결책을 꿰뚫고 있는 지혜자로 묘사하였지만, 내러티브의 흐름을 사울의 신하가 주도하도록 내버려두지 않고 오히려 그 역할을 세 단계로 철저히 구분한다. 악령이 들린 사울의 문제 진단 - 수금 연주의 대안 제시 - 연주자를 찾아서 데려 올 것.

첫째 (15절에서) 사울의 신하들은 사울왕이 극도의 불안과 우울증, 정신분열증 초기로 진행되는 배후에는 하나님이 부리시는 악령이 역사하고 있음을 진단하였다. 그리고 수금 연주자의 (손으로 타는) 연주가 왕을 낳게 할 수 있다고 대안을 제시하였다. 둘째 (16절에서) 사울의 신하들은 자신들이 직접 수금 연주자를 추천하는 것이 아니라 "당신 앞에서 모시는 신하들에게 명령하여 수금을 잘 타는 사람을 구할 것"을 건의하고 있다. 그래서 (17절에서는) 사울이 한 신하에게 명령하여 "나를 위하여 수금을 잘 타는 사람을 구하여 데려오라"고 지시하였다. 셋째로 (18절에서) 내레이터는 사울의 명령을 받아서 다윗을 적임자로 추천하는 사람을 '사울의 신하'가 아니라 "소년 중 한 사람"으로 묘사한다.

만일에 (17절에서) 사울이 신하에게 수금 연주자를 찾아보라는 명령이나 (18절에서) 다윗을 천거한 사람을 여전히 사울의 신하였더라도 그와 달리 "소년 중 한 사람"으로 묘사하는 번거로운 과정을 생략해 버린다면, 독자들로서는 사울의 신하들이 다윗을 먼저 마음속에 내정해 두고 있었다고 볼 수 있을 것이다. 다윗의 급작스런 등장을 2차례 묘사하는 두 내러티브가 이렇게 흘러가면 다윗의 수금 연주자 발탁 내러티브는 그 앞선 '기름부음 내러티브'와 분명한 차별성을 확보하지 못할 것이다.

내레이터가 신하들의 역할을 세 단계로 구분하여 다윗의 천거 절차를 복잡하게 서술하는 방식 배후에 깔린 수사적인 의도는, 삼상 16장에서 다윗의 급작스런 등장을 서술하는 두 개의 내러티브를 대조-암시-모순의 관점에서 서로 연결시켜보면 그 해답을 얻을 수 있다. 다윗의 기름부음 내러티브는 하나님의 의도가 다윗을 향하여 쏜살처럼 날아가는 화살처럼 Top-Down의 방식으로 진행된다. "내가 이미 사울을 버렸고"(16:1a), 그 대안으로 "내가 이새의 아들 중에서 한 왕을 보았느니라"(16:1b).[34] 왜 하나님은 아무런 인간적인 자격이나 조건을 보지 않으시면서도, 왜 다윗을 콕 짚어서 기름을 부으셨는가?

다윗의 연주자 발탁 내러티브는 이 질문에 대한 분명한 해답을 제공하면서 다윗의 용기와 무용과 구변이라는 정당한 자격이 일반 백성들로부터 Bottom-Up의 방식으로 철저한 반대 심문과 검증 절차를 거쳤음을 확인시켜 준다. "그는 수금을 탈 줄 알고 용기와 무용과 구변이 있는 준수한 자라 여호와께서 그와 함께 계시더이다." 다윗은 오래 전부터 백성들 사이에 용기와 무용과 구변이 있는 준수한 자로 소문이 나 있었다. 기름부음 받기 이전부터 이미 이스라엘 대중들로부터 하나님의 말씀에 순종함으로 여호와께서 그와 함께 하심을 증명하는 용기와 무용, 구변, 그리고 준수함을 두루 갖춘 자였다. 모든 백성들이 다윗을 하나님의 사람으로 존경하고 있었다.

이러한 시각으로 보자면 다윗의 기름부음 내러티브 흐름상 전혀 어울리지 않아 보이는 모순적인 묘사, "이에 사람을 보내어 그를 데려

34 Brueggemann은 삼상 16장 1절, "이새의 아들 중에서 한 왕을 보았느니라"는 말씀에 언급된 '보다'에 대한 Karl Barth의 해석을 수용하였다. Karl Barth 히브리어 동사(라아)를 해석할 때 어원학적인 배경으로 라틴어의 pro(미리)와 video(보다)를 결합한 pro-video(미리 보다)에서 하나님의 섭리(providence)라는 단어가 연원한 것으로 해석하였다. Walter Brueggemann, *Power, Providence & Personality: Biblical Insight Into Live and Ministry*, 류의근 역, (서울: CLC, 2013), 36. Walter Brueggemann, *David's Truth in Israel's Imagination and Memory*, 주현규 역,『다윗의 진실: 이스라엘의 상상력과 기억 속에 새겨진』(서울: 대서, 2022), 81.

오매 그의 빛이 붉고 눈이 빼어나고 얼굴이 아름답더라"는 내레이터의 평가가 납득이 된다. 기름 부음에 인간적인 외모나 자격을 철저히 무시하는 내러티브에서 갑자기 등장하는 '그의 얼굴이 아름답더라'는 표현은 (하나님의 이중적인 속성인 은혜와 공의의 균형추에서 공의의 균형추가 빠져서 값싼 은혜처럼 어색해 보이는 것이 아니라 오히려) 하나님 편에서 전적 은혜로 기름을 부으시지만 그 백성들 편에서 과연 다윗이 하나님 공의에 합당하게 메시아로 기름부음을 받을 자격이 있어서 은혜와 공의의 완벽한 균형을 이루고 있음을 암시하는 평가로 이해할 수 있을 것이다. 즉 '그의 얼굴이 아름답더라'는 표현은 다윗에게 한편으로 은혜에 근거하여 기름을 부으시면서도 또 다른 한편으로 공의에 근거하여 기름을 부으시는 하나님 편에서의 만족스런 평가로 이해할 수 있을 것이다. 내레이터는 이러한 대조-암시-모순 화법을 통해서 하나님의 우주적인 법정에 은혜와 공의로 통치하시는 하나님의 판결 사례를 독자들에게 열어보여 준다.

내레이터는 독자들과 함께 천하 모든 사람들이 알고 있는 사실들의 실타래를 계속 풀어가지만, 안타까운 점은 이 내러티브의 흐름 속에서 보자면 오직 사울왕만 다윗의 명성을 전혀 모르고 있는 존재로 묘사된다. 사울왕처럼 하나님의 말씀으로 하나님의 백성들을 위임통치해야 하는 권세와 자격, 그리고 그 막중한 책임을 가지고 있는 지도자라면 당연히 다윗의 존재를 알고 있어야 함에도 불구하고 왕권에 대한 탐욕 때문에 그만 다윗의 존재에 무지하다.

이러한 대조적인 모습은 성급한 독자들에게 내레이터의 내러티브 전개 속도를 더욱 빨리 진행하도록 재촉하는 동기로 작용할 수 있다. 그렇게 용기와 무용과 구변이 있는 준수한 자로 소문난 자가 하나님께서 사울왕 대신 대안으로 세우시는 이스라엘의 진정한 왕이라면, 즉시로 사울왕을 쫓아내고 그 왕좌에 오르면 되는가? 앞의 다윗의 기름부음 내러티브에서는 다윗을 향한 하나님의 의도가 마치 쏜살처럼 날아가는 화살처럼 Top-Down의 방식으로 다윗의 기름부음이라는 목표를 향하여 내리꽂듯이 신속하게 거침이 없이 진행된다.

그러나 두 번째 다윗의 연주자 발탁 내러티브는 철저하게 다윗이 자신의 말씀 순종을 통한 지도력을 모든 백성들에게서 심지어 그의 대적자 사울까지라도 철저하게 인정하고 그 왕권을 다윗에게 아낌없이 전폭적으로 기꺼이 이양하는 Bottom-Up의 방식으로 마치 바가지에 조금씩 물이 차오르듯이 매우 더디게 진행된다.

그래서 기름 부음 내러티브가 인간의 그 어떤 외부 조건을 고려하지 않고 철저한 하나님의 주권에 따른 수직적인 선택을 강조한다면 (Top-Down의 흐름, *extra nos* & *pro nobis*, 하나님의 은혜에 따른 구원), 뒤이어 연주자 발탁 내러티브는 그렇게 하나님 나라 일꾼으로 선발된 당사자의 수평적 차원에서 하나님 나라 백성들 앞에서 철저한 자격과 인정을 받아야 함을 강조한다(Bottom-Up, *intra nos* & *soli Deo gloria*, 성령 하나님의 감화에 따른 말씀 순종의 성화).

3) 사울의 악령을 퇴치하는 다윗(삼상 16:19-23)

다윗의 연주자 발탁 내러티브의 마지막 장면은 표층의 차원에서 볼 때는 해피앤딩처럼 보인다. 하지만 심층에는 온갖 모순과 아이러니가 가득하다. 내레이터는 마지막 장면에 온갖 모순과 아이러니를 심어둬서 앞으로 전개될 역설의 진리를 암시하고 있다.

첫 번째 아이러니는 사울왕과 신하들이 다윗을 간절하게 필요함에도 불구하고 내러티브 등장인물들은 이새나 다윗에게 그 필요를 철저하게 숨기고 있다. 사울의 전령들이 이새를 찾아가서 "사울왕이 양치는 네 아들 다윗을 찾으신다"고 왕의 명령을 전했다(16:15). 이 대목에서 독자들은 사울왕이 악령에 들렸고 다윗의 수금 연주의 도움을 받기를 원한다는 내부 사정을 잘 알고 있다. 그런데 사울왕이나 전령은 이런 내부 정보를 철저히 비밀에 부쳤다. 항상 권력자들은 자신의 약점을 숨기려한다.

두 번째 아이러니는 궁내에서 다윗의 역할에 대한 내레이터의 묘사에서 발견된다. (21절에서는 두 차례에 걸쳐서) 다윗이 사울에게 당도하자 다윗은 그 앞에서 사울을 모시는(*AMD*, 아마드) 역할을 맡았고, 또 사울이 다윗을 자기의 무기를 드는 자로 삼았다고 한다. 두차례에 걸쳐서 내레이터는 다윗이 궁내에서 매우 중요한 역할을 맡은 신하로 묘사하는 것만으로 부족했음인지, (22절에서는) 시간의 흐름을 역행하여 다시 이새에게 당부했던 자신의 속내를 밝히는 모습을 (세 번째로)

서술한다: "사울이 이새에게 사람을 보내어 이르되 원하건대 다윗을 내 앞에 모셔 서게(*AMD*, 아마드) 하라 그가 내게 은총을 얻었느니라."

독자들은 다윗이 사울의 궁으로 입성한 진짜 이유를 잘 알고 있다. 다윗이 감동적인 수금 연주로 사울왕의 악령을 퇴치하기 위함이 아닌가? 그런데 내레이터는 왜 이러한 진짜 목적을 최대한 지연시키다가 맨 마지막 장면에서야 비로소 그 비밀을 갑자기 터뜨리고 있을까?: "하나님께서 부리시는 악령이 사울에게 이를 때에 다윗이 수금을 들고 와서 손으로 탄즉 사울이 상쾌하여 낫고 악령이 그에게서 떠나더라."

이러한 내러티브 의식의 흐름을 통하여 내레이터는 사울의 궁내에서 다윗의 역할을 표면적인 역할과 심층의 진짜 중요한 역할을 구분하고 있다. 표면적인 역할은 세 차례에 걸쳐서 다윗이 사울을 섬기는 신하가 되었음을 강조하지만, 심층의 진짜 이유는 악령 퇴치가 다윗의 진짜 중요한 역할이었다는 것이다. 이러한 대조적인 묘사를 통해서 내레이터는 다음 세 가지 의미를 암시한다.

① 첫째 이스라엘의 최고 권력자 사울에게 악령이 들려서 시골의 목동 다윗에게서 악령 퇴치의 도움을 받아야 한다는 사실은 당시로서는 절대로 밖으로 누설되거나 궁내에서라도 공식적으로 사울과 다윗 이외에 그 누구에게라도 알려져서는 안 되는 최고 권력자의 최고기밀(TOP SECRET)이다. ② 둘째, 다윗이 아무리 하나님을 사랑하고 은총을 받은 덕분에 그 용기와 무용과 구변이 모든 사람들에게 존경과 찬사

를 받더라도, 눈에 보이는 현실 세계 이스라엘 사회 안에서 다윗의 진퇴(進退)와 성쇠(盛衰)를 결정하는 자는 사울처럼 보인다는 것이다(암시적 의미).

③ 셋째는, 아무리 사울이 최고 권력자이고 아무리 자신의 약점을 숨기고 싶더라도 사울에게 악령이 들게 하시는 분은 하나님이시고, 여호와 하나님이 권력의 촛대를 사울에게서 다윗에게로 옮기시는 은밀한 섭리를 실현하는 과정에서 반드시 폭로되어서 모든 이스라엘 백성들이 알아야 하는 비밀은, 그 최고 권력자 사울은 철저하게 다윗의 수금 연주 한 곡에 철저하게 의존해야만 할 정도라는 것이다(모순적이고 아이러니한 의미).

(여호와 하나님이 대리자를 통하여 말씀으로 통치하시고 판결하시는 우주적인 법정으로서의) 하나님 나라에서 중보자로 세움을 받은 이스라엘의 왕은 하나님의 말씀으로 백성들에게 진리의 말씀을 가르치고 하나님 나라의 통치를 대적하는 사탄 마귀의 권세를 물리치고 사탄 마귀의 유혹과 핍박으로 고난 중에 있는 그들을 위로해야 한다. 하지만 다윗의 갑작스런 등장 내러티브에서는 이러한 중보자 역할을 기대했던 사울에게서는 철저한 불순종과 무능력으로 나타나고, 반대로 중보자로부터 철저한 위로와 보호를 받아야만 했던 다윗에게서는 오히려 참 중보자다운 역할을 완벽하게 감당하는 인물로 묘사되고 있다.

4) 다윗의 수금 연주자 발탁 내러티브와 설교 아웃라인

제목_ 하나님이 평가하시는 그의 자녀들 _삼상 16:14-23

첫째, 하나님의 자녀에게는 신전의식(신전의식, Coram Deo)이 있고, 구원의 확신이 있습니다. 다윗은 그의 증조부모(보아스와 룻)에게서 조부 오벳을 거쳐, 부친 이새로 이어지는 유다 족속의 필연적인 축복을 예언한 야곱의 예언을 가슴 깊이 배우고 늘 암송하며 자랐습니다. 다윗이 늘 암송하고 다녔던 유다족속의 번영에 관한 야곱의 예언은 이렇게 시작합니다. “유다야 너는 네 형제의 찬송이 될지라 네 손이 네 원수의 목을 잡을 것이요 네 아버지의 아들들이 네 앞에 절하리로다.” 다윗은 하나님께서 반드시 유다 족속에게 복을 베푸신다는 야곱의 예언의 말씀과 룻의 가르침, 조부 오벳과 부친 이새의 가르침을 한 순간도 잊지 않고 늘 의식하며 살았습니다. 여호와 하나님은 보이지 않지만 그러나 그 약속의 말씀을 믿고 이 땅을 살아가는 자기 자녀들에게 반드시 놀라운 복을 베푸실 것이라는 믿음을 붙잡았습니다.

둘째, 보이지 않는 하나님이 우주의 재판관으로 내 인생을 굽어 살펴보신다는 코람데오(Coram Deo)의 정신을 가진 신자는 그 어떤 작은 일을 맡더라도 항상 하나님 앞에서 최선을 다합니다. 다윗이 어렸을 때부터 특별히 좋아하고 암송했던 유다 족속의 번영에 관한 야곱의 예언 한 대목은 이렇습니다. "유다는 사자 새끼로다 내 아들아 너는 움킨 것을 찢고 올라갔도다. 그가 엎드리고 웅크림이 수사자 같고 암사자 같으니 누가 그를 범할 수 있으랴?(창 49:9)" 다윗은 들판에서 목동으로 양떼들을 돌볼 때 이 말씀을 문자적으로 믿었습니다. 이 양떼는 아버지 이새의 재산이 아니라 우주의 재판관이신 여호와 하나님께서 약속하신 복을 베푸시고자 허락하신 하나님의 양떼이고 하나님 사랑의 보증이기 때문에 그 어떤 짐승이나 약탈자라도 감히 해칠 수 없다. 만일에 그 누구라도 하나님의 양떼를 약탈한다면, 내가 수사자처럼 달려가서 그 움킨 것을 찢고 되찾아 오리라. 다윗은 세상 보기에 그 어떤 작은 일일지라도 늘 하나님을 섬기듯이 최선을 다했습니다.

셋째로 신자가 비록 세상이 높게 알아주지는 않더라도 하나님 섬기듯 최선을 다 할 때, 비로소 신자는 영적 전쟁에서 승리하는 삶을 살 수 있습니다. 다윗은 이중신분을 가지고 있었습니다. 겉으로는 사울왕의 최측근으로 무기 맡은 경호대장이었습니다. 겉으로 볼 때는 다윗이 사울을 섬기는 것처럼 보입니다. 하지만 다윗이 늘 우주적인 재판관 여호와 하나님 앞에서 하나님을 섬겼기 때문에 그가 실제로 하나님 앞에서 감당하는 역할은 여호와의 군사로서 하나님 나라를 대적하는 사탄 마귀와 악령들을 물리쳤습니다. 오늘날 우리 성도들도 겉으로는 가정에서 자녀로, 학교에서 학생으로, 직장 회사나 공장에서 대리나 과장의 역할을 감당하지만 그러나 영적으로 우리는 하나님의 거룩한 자녀요 하나님 나라를 위하여 헌신한 주님의 제자이고 주님의 일꾼이고 주님 나라의 군사들입니다. 이중신분을 항상 잊지 마시기 바랍니다.

3. 골리앗과의 전투 내러티브(삼상 17장)

삼상 17장 (1-11) 골리앗의 등장과 사울왕의 두려움
(12-40) 다윗의 등장과 골리앗을 향한 출전
(41-54) 다윗이 물맷돌로 골리앗을 물리침

1) 브루그만의 사회-수사적 해석과 원리화

다윗과 골리앗의 전투 내러티브를 사회-수사학의 독법을 따라 해석하는 브루그만의 입장에서 볼 때, 이 내러티브의 핵심은 매우 간단하고 짧게 두 구절이면 충분하게 묘사되는 부분이다. "다윗과 골리앗 두 사람의 실제적인 대결은 매우 짧게 전개된다. 실제로 두 사람의 싸움을 묘사하는 데에는 정확하게 두 절이면 충분하다(삼상 17:48-49). 재빨리 달음질 친 다윗은 주머니 속에 넣어 두었던 돌을 취해 물매로 던지고, 그 돌에 맞은 골리앗은 그 자리에서 쓰러진다. 두 사람이 벌인 싸움에 관한 이야기는 이것이 전부다. 그러나 이 짧디짧은 이야기는, 그 앞뒤에 배치된 길고도 드라마틱한 내러티브의 근간을 이루는 핵심적인 부분이다."[35]

35 Walter Brueggemann, *David's Truth in Israel's Imagination and Memory*, 주현규 역, 『다윗의 진실: 이스라엘의 상상력과 기억 속에 새겨진』 (서울: 대서, 2022), 94.

그렇다면 사건 중심으로 전달하려면 두 구절이면 충분한 이야기를 내레이터가 이토록 이야기의 흐름을 길게 지연하는 의도는 무엇일까? 브루그만에 의하면, "다윗이 골리앗을 쓰러뜨린 이야기는, 오히려 고아와 과부나 나그네 그리고 가난한 자들과 같은 사회적 약자들이 그들을 힘과 폭력으로 억압하는 압제자들에게 반기를 들고 저항하는, 더 큰 투쟁을 염두에 두고 있다"(Brueggemann, 2022:94). 내레이터가 다음과 같이 골리앗을 자세히 묘사하는 배후에는 독자들로 하여금 당시 다윗으로 (대표되는 하층민들로) 하여금 골리앗으로 대표되는 기득권 세력에 대한 두려움과 공포를 충분히 공감하도록 하려는 수사적인 의도가 담겨 있다는 것이다.

> [4] 블레셋 사람들의 진영에서 싸움을 돋우는 자가 왔는데 그의 이름은 골리앗이요 가드 사람이라 그의 키는 여섯 규빗 한 뼘이요 [5] 머리에는 놋 투구를 썼고 몸에는 비늘 갑옷을 입었으니 그 갑옷의 무게가 놋 오천 세겔이며 [6] 그의 다리에는 놋 각반을 쳤고 어깨 사이에는 놋 단창을 메었으니 [7] 그 창 자루는 베틀 채 같고 창 날은 철 육백 세겔이며 방패 든 자가 앞서 행하더라 (삼상 17:4-7).

브루그만에 의하면, 역사적인 다윗이 아니라 여러 하층민들의 목소리들을 통해서 구성된 "다윗이 속한 하층민 지파 사람들 모두 그들이 맞닥뜨린 곤경과 난관을 깊이 공감하고, 그러면 그럴수록 더욱 두려움을 고조시키기 위한 목적으로 내러티브를 가급적 천천히 진행시키고 있는 것이다"(Brueggemann, 2022:95).

계속해서 브루그만은 19절, "그 때에 사울과 그들과 이스라엘 모든 사람들은 엘라 골짜기에서 블레셋 사람들과 싸우는 중이더라"에서 내레이터가 전시 상황에 대한 배경 설명 구절의 저변으로부터 상당한 사회-수사학적 의미를 이끌어낸다. "이 구절은 오로지 싸움의 진행만을 묘사한다. 하지만 정확히 말하자면 이스라엘 사람들은 아무것도 하고 있지 않다. 겁을 잔뜩 집어 먹은 나머지 온 몸이 얼어붙었기 때문이다.....그들이 입을 벌려 말을 하면 할수록 겁과 두려움은 더욱더 커져만 간다. 이것이 바로 압제자들이 힘과 폭력을 사용하지 않고서도 겁박을 통해 사람들을 통치하고 부리는 방법이다"(Brueggemann, 2022:96).

브루그만의 사회-수사학적 독법은 다윗이 골리앗을 향하여 외쳤던 승리의 선언에 언급된 '사자와 곰'을 (사자와 곰의 역사적 사실성을) '변덕스럽기 짝이 없는 정치적인 힘'을 의미하는 은유로 치환(置換, substitute)하는 대목에서 그 정점에 도달하는 듯 하다. "다윗은 34-36절에서 과거에 자신이 얼마나 용맹했었는지를 피력한다. 그리고 37절에 가서 하나님의 역사와 도우심을 간구한다. '여호와께서 나를 사자의 발톱과 곰의 발톱에서 건져내셨은즉 나를 이 블레셋 사람의 손에서도 건져내시리이다.'... 해당 구절들이 특별히 사자나 곰의 사나움을 묘사하기 보다는, 전반적으로 다윗 특유의 힘과 용맹함을 설명하고 있음을 주목해야 한다.... (99페이지 하단 20번 각주 설명) 성경에 자주 사용되는 은유가 상징하는 바와 같이 '야수들'은 변덕스럽기 짝이 없는 정치적인 힘을 뜻하기도 한다(겔 34:17-19, 28과 비교). 이런 맥락을 고려한다면, '야수'에서 골리앗으로 그 지시 대상과 의미의 전환은 방금 전에 말한 은유적인 함의의 추이 안에 고스란히 들어 있다. 이스라엘이 정치적인 측면에서 경험해 온 바에 따르면, 골리앗은 그런 '야수들'의 구체적인 형상(embodiment)이다(Brueggemann, 2022:99).

다윗은 (17장 39절에서) 사울왕이 제공하는 군복과 투구, 갑옷과 칼을 모두 버리고 "손에 막대기를 가지고 시내에서 매끄러운 돌 다섯을 골라서.. 주머니에 넣고 손에 물매를 가지고 블레셋 사람에게로 나아갔다. 브루그만에 의하면 "이 내러티브 안에는 등장 인물들이 서로 주고 받는 대화로 가득하다. 그 중에서도 다윗이 한 말들이 결정적으로 중요하다. 그 중 하나는 다윗이 사울 왕에게 한 말이고(34-37절), 또 다른 하나는 그가 골리앗에게 한 것이다(45-47절).

> 오늘 여호와께서 너를 내 손에 넘기시리니 내가 너를 쳐서 네 목을 베고 블레셋 군대의 시체를 오늘 공중의 새와 땅의 들짐승에게 주어 온 땅으로 이스라엘에 하나님이 계신 줄 알게 하겠고 또 여호와의 구원하심이 칼과 창에 있지 아니함을 이 무리에게 알게 하리라 전쟁은 여호와께 속한 것인즉 그가 너희를 우리 손에 넘기시리라(46-47절).

"이 구절들을 통해 다윗은,... 그가 속한 족속에게 허락된 모든 제반 여건들은 여타의 힘이나 권력에 의해 마련된 것과는 차원이 다르다는 주장을 편다. 그렇다. 그 모든 것은 기존의 권력 체계나 조직에 의해 수립된 것이 아니다. 그 모든 것을 허락하신 분은 이스라엘 지파들 가운데 함께 하시는 야웨 하나님이시다"(Brueggemann, 2022:103). 브루그만의 사회-수사학적 관점에서 볼 때, 다윗의 말들이 중요한 이유는, 이 말들이 성경적인 신앙의 모범을 보여주기 때문만이 아니라, 다윗이 속한 지파의 정체성을 규명해 주고, 다윗이 속한 지파 사람들이 살아가는 정신적인 세계를 결정짓는 효력을 발휘하기 때문이다.

"사람들이 내뱉는 말은 바로 그 사람들이 살아가는 세계를 결정짓는 효력을 발휘한다. 또 반드시 진술됐어야 하는 바와 세상이 마땅히 수용해야 하는 것을 세워 나가는 스토리텔러의 상상력이 가져다주는 파급력을 인식하게 해 준다. 이런 맥락에서 앞에 언급한 다윗이 말한 두 종류의 담화는 그의 성품과 성격을 물론이거니와, 그가 지탱해 줄 것이라고 믿는 변두리 사회의 비주류 공동체에 아주 적격인 활력을 특징적으로 반영하고 있다. 다윗이 말한 두 종류의 담화는, 두 가지 경우 모두, 다윗을 초월하여 야웨 하나님을 가리킨다. 그 두개의 담화에 있어서 중요한 것은 구원은 야웨께로부터 온다는 사실이다"(Brueggemann, 2022:105).

브루그만의 사회-수사학 독법으로 다윗과 골리앗 전투 내러티브의 신학적인 의미를 추출한다면 다음과 같은 원리화 문장으로 정리할 수 있을 것이다.

"현대의 기독교 신자들은 고대 이스라엘의 왕정사회에서 하층민으로 온갖 압제와 부조리를 경험했던 믿음의 사람들과 매우 흡사한 세상을 살고 있다. 다윗과 골리앗 전쟁 내러티브에서 다윗으로 대표되는 이스라엘의 거룩한 언약 백성들은 여호와 하나님 신앙으로 당시 기득권층이 제공하는 모든 정치적인 권력과의 타협을 거부하였다. 또 세상이 제공하는 경제적인 번영을 위한 착취와 탐욕적 삶을 거부하였다. 그러한 믿음의 삶이 세상 권력자들과 기득권층의 압제와 핍박을 초래할 때, 이들은 모세오경에 제시된 정결과 거룩, 인권의 존엄성, 동족에 대한 무한한 사랑, 헌신이 보장된 하나님의 세상에 대한 굳건한 믿음으로 그 모든 핍박과 고난을 극복하였다. 이를 통하여 여호와 하나님의 언약 백성들에게 보장된 하나님 사랑이 충만한 새로운 세상을 기적적으로 누렸다."

2) 다윗 내러티브에 대한 사회-수사학적 해석의 문제점

브루그만이 사회-수사학적 해석 방법론을 따라서 다윗이 저주의 화살을 날렸던 "사자와 곰들"을 그 당시의 폭력적인 정치권력의 은유로 해석한다면, 이러한 해석은 성경 본문(text)의 '언어적 전환'(linguistic turn) 배후에 과거 역사적인 사건의 실재성이 선행하고 있음을 무시하는 것이다. 본문 배후에 역사적 실재성을 밀어내고 '은유'(metaphor)라는 '수사적 전략'으로 변개(變改, substitute)하는 것이다.

이 때 떠오르는 질문은 이것이다. 역사 속에 성육신 하시는 하나님은 말씀으로 구체적인 역사 현실을 변혁하시는 과정에서 그 구체적인 사건의 실재성을 담보하지 않은 채로 몇 몇 창의적인 사람들의 마음 속에서 들끓어 오르는 문학적인 상상력이나 이들의 심미적인 마음 속을 격동시키는 수사적인 실행력을 통해서만 역사하시는가? 오늘날 평범한 상식 수준에 비추어 볼 때 발생하기 어려운 기적적인 사건들에 관한 묘사는 모두 다 은유적인 표현에 불과한 것인가? 다윗이 물리쳤다는 사자와 곰도 역사적인 사실이 아니라 예나 지금이나 한결같이 약자를 괴롭히는 정치적인 독재 권력을 가리키는 은유에 불과하다면, 이스라엘 백성들이 홍해를 마른 땅처럼 밟고 건넌 홍해 도하 사건도 은유이고, 처녀가 잉태하여 아들을 낳으리라는 이사아 선지자의 예언에 언급된 젊은 여인도 이스라엘을 가리키는 은유에 불과하다면, 예나 지금이나 하나님의 구원은 은유적 상상력을 발휘할 줄 아는 시인들의 전유물에 불과할 것이다.

3) 삼상 17장에 대한 언약 법률적 판례 해석

다윗에 관한 성경의 내러티브는 하나님 나라의 우주적인 법정에서 완결된 재판 사건의 판례를 보여준다. 언약 법정에서 많은 분량을 차지하는 것은 발생하는 사건의 표층 배후에서 그 심층에서 진행되는 법률적 판단의 옳고 그름에 대한 증언과 변론, 논박, 반대 증언, 재반박이 중요하다.

정창균 교수에 의하면, 골리앗의 망언을 들었던 이스라엘의 모든 군사들은 두려움과 공포에 떨었음에도 불구하고 오직 다윗만 혼자서 분노했던 이유를 정확하게 이해하는 것이, "이후 다윗의 처신과 이 사건 전체의 본질을 이해하는 데 있어서 결정적으로 중요하다.... 골리앗의 언사에서 다윗이 꿰뚫어 본 것은 골리앗이 결코 모욕당할 수 없는 하나님을 모욕하고 있다는 사실이다.... 그러므로 싸움의 본질은 골리앗의 신들과 다윗의 신 여호와 하나님 사이의 문제인 것이다. 골리앗이 하나님을 모독하고 있는 것이라는 인식은 다윗에게는 중대한 문제였다."[36]

다윗과 골리앗의 싸움 내러티브를 언약 법정의 판례로 해석할 때 독자가 주목해야 할 가장 심각한 쟁점은, 블레셋의 최고 장수 골리앗이 감히 하나님의 우주적인 법정에 폭력적으로 난입(亂入)하여 여호와 하나님이 이스라엘과 맺은 영원한 언약을 전부 무효로 돌리고 이스라엘의 대표자 사울왕과 블레셋의 대표자 자신 사이에 봉신 조약을 다시 채결하자고 패역한 주장을 펼쳤다는 것이다.[37] 일개 장수가 아무리

36 정창균, "하나님을 대신하여 싸운 사람, 삼상 17-18장 주해와 적용," 목회와 신학 편집부 『사무엘상, 어떻게 설교할 것인가』 (서울: 두란노아카데미, 2009), 370.

37 이승진, 『하나님 마음에 합한 사람』 (수원: 설교자하우스, 2020), 297-9.

세계 최강의 무력을 가졌다 한들, 만왕의 왕 여호와께서 이스라엘과 맺은 영원한 언약을 무효로 돌리겠다고 주장할 수 있을까?

> 이스라엘 백성들아! 오늘 너희는 우리 블레셋과 전쟁하러 나왔다. 그런데 우리 모두 다 싸워서 이 전쟁터를 피로 물들일 필요 없다. 나는 이 세상의 어떤 장수라도 이 칼로 한 방에 박살낼 수 있다. 그러나 그럴 필요도 없다. 내가 원하는 것은 단 한 하나, 군신의 조약을 다시 맺는 것이다.
>
> 군신의 조약을 갱신하지 않고 이 땅의 소유권을 주장하는 것은 도둑이나 깡패가 하는 짓이다. 여호와 하나님이 이 가나안 땅을 너희에게 소유물로 주셨다고 주장하고 있지 않느냐? 그 하나님은 땅도 주고 땅의 소유물을 증표로 삼아 언약을 다시 맺도록 백성의 지도자도 함께 주시는 신이 아니냐? 너희의 조상들은 모세를 지도자 삼아서 애굽의 바로와 조약을 맺고 애굽에서 나온 것이 아니냐?

하지만 그의 패역한 주장이 얼마나 설득력이 있었는지, "그 블레셋 사람이 사십 일을 조석으로 나와서 몸을 나타내며"(삼상 17:16) 일장 연설을 쏟아놓지만, 사울왕을 비롯하여 이스라엘 전역에 그 누구 한 사람이라도 골리앗의 패역한 논증을 반박하지 못하고 모두 두려움과 공포에 얼어 붙어 있을 뿐이었다(17:11).

삼상 17:8 - 그가 서서 이스라엘 군대를 향하여 외쳐 이르되 너희가 어찌하여 나와서 전열을 벌였느냐 나는 블레셋 사람이 아니며 너희는 사울의 신복이 아니냐 너희는 한 사람을 택하여 내게로 내려보내라

너희의 하나님이 지금도 살아계시다면 당연히 언약을 갱신하도록 너희의 지도자도 함께 보내주신 것이 아니냐? 나는 블레셋을 대표하여 이 자리에 나왔다. 너희 이스라엘 쪽에서는 사울이 이 자리에 나와야 하는 것이 아니냐? 그런데 사울왕은 어디가고 조무라기 신하들만 나와 있는 것이냐?

삼상 17:9 그가 나와 싸워서 나를 죽이면 우리가 너희의 종이 되겠고 만일 내가 이겨 그를 죽이면 너희가 우리의 종이 되어 우리를 섬길 것이니라 [10] 그 블레셋 사람이 또 이르되 내가 오늘 이스라엘의 군대를 모욕하였으니 사람을 보내어 나와 더불어 싸우게 하라 한지라

왜 너희 이스라엘 군사들은 사울왕을 대신하여 이 전쟁터에서 죽겠다는 것이냐? 나는 이 땅을 너희의 붉은 피로 더럽히고 싶지 않다. 그러니 당장 사울왕을 이곳으로 내보내고 조무래기들은 모두 다 너희 고향으로 돌아가거라! 모두 싸울 필요 없이 대표자만 나와 싸우자. 너희가 전쟁에 지더라도 조공만 바치면 되는 것이다.

만일 언약을 갱신하지도 않고 땅의 소유권을 주장한다면, 너희는 불의한 도적놈들이다. 너희 하나님이 이 땅을 너희에게 주셨다고? 그러면

지금 당장 너희의 그 하나님의 깃발을 가지고 당장 내 앞으로 나와 봐라. 용기도 없고 믿음도 없고 전사다운 기백도 없는 이 비겁한 겁쟁이들아!! 더럽고 추잡한 도둑놈들아!!

골리앗은 분명 자신의 주장이 세상 그 어떤 국경선에서 쏟아져 나왔던 숱한 선전포고들과 비교하여 가장 공정하고 가장 합리적이고 가장 평화스럽고 가장 설득력 있을 것이라고 자부했을 것이다. 골리앗이 이렇게 우주적인 법정에 폭력적으로 난입(亂入) 하여 여호와 하나님이 이스라엘과 맺은 영원한 언약을 능멸하고 있을 때, 독자들은 자연히 사울왕의 역할을 기대하겠지만 직전의 내러티브에서 하나님은 사울왕을 폐위하시고 다윗을 세우셨음을 잘 알고 있다. 그래서 다윗이 간절히 기다려진다.

하지만 내레이터는 골리앗이 여호와의 언약을 모독하는 이 패역한 문제를 단순히 다윗이라는 한 영웅의 드라마틱한 등장을 부각시키는 필수적인 계기로 삼기보다는, 당시 이스라엘 백성들의 형편 없는 신앙, 즉 여호와의 계명에 대한 형편 없는 법률적 분별력을 드러내는 필연적인 계기로 삼아서 이와 극단적으로 탁월하게 돋보이는 다윗의 법률적 분별력과 대조-암시-모순의 의미를 담아내는 프레임으로 활용한다. 이를 위하여 내레이터는 골리앗의 흉포한 난입 연설에 반응하는 다윗과 엘리압의 대화와 다윗과 사울왕의 대화를 소개한다.

다윗과 엘리압의 대화는 골리앗의 주장을 반박할 것 같은 다윗에 대한 당시 이스라엘 사람들의 불신앙적인 시각을 반영한다. "나는 네 교만과 네 마음의 완악함을 아노니 네가 전쟁을 구경하러 왔도다"(17:28). 정창균 교수는 삼상 17장 해석에 대조 프레임을 사용하여 다윗의 정당한 분노를 엘리압의 모순적인 분노와 대조시켰다. "우리는 본문에서 다윗의 분노와 대조를 이루는 또 하나의 분노가 치솟고 있음에 주목할 필요가 있다. 그것은 다윗의 장형 엘리압의 분노이다. 엘리압의 분노는 다윗의 분노에 대한 분노이다.... 다윗은 골리앗보다 더 큰 하나님을 보고 있고, 형은 골리앗보다 형편 없이 모자라게 보이는 다윗을 보고 있다. 엘리압은 다윗이 골리앗과 감히 싸우고자 하는 의도를 그 싸움에 걸려 있는 상급에 대한 이기적이고 사악한 욕심 때문이며, 피 흘리는 전쟁을 재미있게 구경하고자 하는 악독한 심보에서 나온 것으로 왜곡하는 어두움에 갇혀 있다."[38]

다윗과 사울왕과의 대화도 대조-암시-모순의 프레임으로 해석할 수 있다. "사울이 다윗에게 이르되 네가 가서 저 블레셋 사람과 싸울 수 없으리니 너는 소년이요 그는 어려서부터 용사임이니라"(17:33). 엘리압이나 사울왕의 말은 (법률적 판단에 근거하여 정황적으로 볼 때) 그들의 시야 속에는 하나님이 이스라엘과 맺은 영원한 언약 규례가 계속 그 효력을 발휘하는 우주적인 법정이 전혀 보이지 않았음을 암시한다. 내레이터는 사울왕이 처음부터 끝까지 다윗의 정체를 전혀 모르는 모

38 정창균, "하나님을 대신하여 싸운 사람, 삼상 17-18장 주해와 적용," 372.

습으로 묘사한다. 독자로서는 의아할 뿐이다. 방금 전 삼상 16장 '다윗의 수금 연주자 발탁 내러티브'에서 사울왕은 "다윗이 나에게 은총을 얻었기에 다윗을 내 앞에 모셔 서게 하라"고 요청하지 않았던가? 또 왕권에 대한 집착으로 절망에 빠졌을 때 다윗의 수금 연주로 악령이 그에게서 떠난 일은 모두 잊었단 말인가?

하지만 내레이터는 '다윗과 골리앗의 전투 내러티브'에서는 사울왕이 다윗의 '용기와 무용과 구변이 있는 준수한 자로 여호와께서 그와 함께 계심'을 모든 백성들이 이구동성으로 인정하고 존경했음을 전혀 모르는 인물로 묘사하고 있다. 이를 통해서 우주적 법정 안에서의 다윗의 법률적 분별력과 사울의 법률적 맹목을 철저하게 대조시키고 있다.

"삼상 17:33 사울이 다윗에게 이르되 네가 가서 저 블레셋 사람과 싸울 수 없으리니 너는 소년이요 그는 어려서부터 용사임이니라 삼상 17:34 다윗이 사울에게 말하되 주의 종이 아버지의 양을 지킬 때에 사자나 곰이 와서 양 떼에서 새끼를 물어가면 삼상 17:35 내가 따라가서 그것을 치고 그 입에서 새끼를 건져내었고 그것이 일어나 나를 해하고자 하면 내가 그 수염을 잡고 그것을 쳐죽였나이다 삼상 17:36 주의 종이 사자와 곰도 쳤은즉 살아 계시는 하나님의 군대를 모욕한 이 할례 받지 않은 블레셋 사람이리이까 그가 그 짐승의 하나와 같이 되리이다 삼상 17:37 또 다윗이 이르되 여호와께서 나를 사자의 발톱과 곰의 발톱에서 건져내셨은즉 나를 이 블레셋 사람의 손에서도 건져내시리이다 사울이 다윗에게 이르되 가라 여호와께서 너와 함께 계시기를 원하노라"

정창균 교수에 의하면, "다윗이 사울을 설득하고 확신시키기 위하여 털어놓는 자기 경험 이야기에서 주목해야 할 것은, 다윗은 자기가 사자와 곰을 쳐서 죽이고 양 새끼를 건져 낸 일을 다 말한 후에 그 모든 것이 여호와께서 하신 일이라고 결론내리고 있다는 사실이다(37절). 그리고 그것을 근거로 이번에도 하나님이 자기를 건져 내실 것을 확신하였다... 자신이 한 것은 사실은 하나님이 하신 것이었다는 결론이다. 결국 다윗은 하나님의 하나님 되심에 근거한 신학적 확신과 하나님 사이에서 체험한 자신의 경험을 근거로 이 일을 벌이고 있다고 요약할 수 있다."[39]

다윗 내러티브를 언약 법규의 판례로 이해하고 해석하면서 다윗에게서 배울 수 있는 최고의 (정황 증거) 교훈은, 다윗이 자기 (과거) 인생을 하나님과 맺은 언약 법규(창 49:9-10, 유다는 사자 새끼로다 누가 그를 범할 수 있으랴)의 준행(삼상 17:34-35, 양을 지킬 때에 사자나 곰이 물어가면 내가 그것을 쳐 죽였나이다) 여부에 후속으로 뒤따르는 하나님의 축복과 저주(삼상 19:47, 여호와가 너희를 우리 손에 넘기시리라)에 대한 판례로 이해하고 그러한 관점을 자신의 현재와 미래에 그대로 적용하였다는 점이

39 정창균, "하나님을 대신하여 싸운 사람, 삼상 17-18장 주해와 적용," 373-4.

다. 다윗은 현재 골리앗의 우주 법정 난입 문제를 예전에 아버지의 양떼를 물어가려던 사자와 곰의 난입과 동일한 관점에서 바라보았다. 달리 말하자면 다윗은 자신의 과거 인생을 '성례전적 상상력'의 관점에서 하나님의 부재하시는 임재를 의식할 줄 알았다는 말이다.[40] 조나단 에드워즈의 신학 용어로 설명하자면 다윗은 성경적 세계관(Biblical worldview)에 철저하였고, 박윤선 박사의 신학 용어로 설명하자면 다윗은 계시의존사색(啓示依存思索)을 가졌다고 볼 수 있다.

> "여호와께서 나에게 맡기신 아버지의 양떼를 저 사자나 곰들이 물어가도록 내버려 두실 수 없다. 내 일이 하나님의 말씀을 신뢰하고 사자와 곰을 물리치느냐? 아니면 사자와 곰이 두려워 여호와의 말씀에 대한 믿음을 포기하느냐? 그 시험대에 올랐다. 나는 주님 말씀에 의지하여 나아가리라! 결국 다윗은 자신이 가진 모든 힘을 다하여 거의 죽을 뻔할 정도로 어려운 난관을 이기고 사자와 곰을 물리쳤다. 이를 통해서 우주적인 법정에서 여호와 하나님이 내 믿음이 옳다고 판결해 주셨다."

자기 인생을 우주적인 법정의 연속으로 이해하는 다윗에게, 사자와 곰의 난입이나 골리앗의 갑작스런 난입은, 모두 하나님의 언약 규례

◇

40 '성례전적 상상력'에 대해서는 다음을 참고. James White, *Introduction to Christian Worship*, 김상구, 배영민 역, 『기독교 예배학 개론』 (서울: CLC, 2017), 286-9.

에 대한 철저한 믿음 여부를 통해서 여호와 하나님의 통치를 증언하고 변론하는 책무를 떠올리는 것이다. 골리앗의 난입에서 다윗이 주목하는 것은 하나님이 재판하시는 우주적인 법정에서 하나님의 절대 주권을 변론해야 하는 자신의 엄청난 특권과 명예스런 역할이다.

이러한 다윗의 탁월한 법률적 분별력은 사울왕의 법률적 맹목과 극적인 대조를 이룬다. 이스라엘과 같은 신정통치 속에서 이스라엘 왕직을 맡은 사울의 역할은 골리앗처럼 하나님의 통치 근간을 뒤흔들며 조약 갱신을 요청하는 이 무례하고 패역한 골리앗을 당장 처벌해야 하지 않을까? 하지만 사울왕은 철저하게 자신의 거룩한 책무를 외면할 뿐이다. 심지어 내레이터는 사울왕이 그 거룩한 책무를 감당하도록 주어진 군복과 놋 투구, 갑옷, 그리고 칼이 우주적인 법정에서 탁월한 법률적 분별력으로 하나님의 절대 주권을 변호하는 다윗에게 하등의 도움이 되지 못하고 오히려 거추장스런 장애물 취급을 받는 것으로 묘사한다.

"삼상 17:38 이에 사울이 자기 군복을 다윗에게 입히고 놋 투구를 그의 머리에 씌우고 또 그에게 갑옷을 입히매 삼상 17:39 다윗이 칼을 군복 위에 차고는 익숙하지 못하므로 시험적으로 걸어 보다가 사울에게 말하되 익숙하지 못하니 이것을 입고 가지 못하겠나이다 하고 곧 벗고 삼상 17:40 손에 막대기를 가지고 시내에서 매끄러운 돌 다섯을 골라서 자기 목자의 제구 곧 주머니에 넣고 손에 물매를 가지고 블레셋 사람에게로 나아가니라"

다윗은 매끄러운 돌 다섯을 골라서 자기 주머니에 넣고 손에 물매를 가지고 골리앗에게로 나아갔다. 브루그만이 사회-수사학의 관점에서 해석할 때 다윗과 골리앗의 전투 내러티브의 핵심은 다윗으로 (또는 다윗이라는 가공의 인물을 통하여 은유적으로) 대변되는 당시 하층민 세력이 골리앗으로 (또는 골리앗이라는 가공의 인물을 통하여 은유적으로) 대변되는 당시 기득권 정치 세력을 그 마음 속의 대안 세계에 대한 굳건한 믿음으로 무너뜨렸다는 것이다. 하지만 계속 확인하는 바와 같이 이 내러티브의 핵심은 여호와 하나님이 주재하시는 우주적인 재판정에 갑자기 사탄 마귀의 세력이 난입하여 하나님의 율법 통치의 근간을 무너뜨리려 할 때, 하나님 나라를 위임통치하도록 기름 부음을 받은 인물이 여호와 하나님의 살아계심을 확신하며 재판관이신 여호와 하나님 앞에서 하나님의 절대 주권을 (자신이 과거에 누린 은총에 근거하여) 신실하게 변론하는 것이다.

내레이터는 다윗이 올바른 법률적 분별력으로 하나님의 절대 주권을 제대로 변론하는 과정을 골리앗의 패역한 논박과 선명하게 대조하여 묘사하고 있다. 먼저 골리앗의 (하나님 나라를 모독하는) 반역적인 증언이 제기된다: "[43] 블레셋 사람이 다윗에게 이르되 네가 나를 개로 여기고 막대기를 가지고 내게 나아왔느냐 하고 그의 신들의 이름으로 다윗을 저주하고 [44] 그 블레셋 사람이 또 다윗에게 이르되 내게로 오라 내가 네 살을 공중의 새들과 들짐승들에게 주리라 하는지라"(삼상 17:43-44)

골리앗은 블레셋 사람들이 의지하던 전쟁의 신 다곤의 이름으로 다윗을 저주하며 반드시 "저 놈을 죽여 공중의 새들과 들짐승들에게 주겠다"고 호언장담했다. 그러자 다윗도 동일한 순서이지만 우주적 재판정의 재판관 여호와 하나님의 절대 주권적인 언약에 대한 확신과 아울러 이 언약 관계를 훼방하는 골리앗의 패역과 교만과 무지에 대한 하나님의 절대적인 심판을 확신하며 골리앗에게 나아갔다. 겉으로 보자면 두 전사의 싸움이지만, 그 심층은 우주적인 재판정에서 하나님의 절대 주권적인 통치에 관한 골리앗의 악마적인 조롱과 이에 대한 다윗의 하나님의 절대 주권에 대한 변론이 그 핵심을 이루고 있다.

> "[45] 다윗이 블레셋 사람에게 이르되 너는 칼과 창과 단창으로 내게 나아오거니와 나는 만군의 여호와의 이름 곧 네가 모욕하는 이스라엘 군대의 하나님의 이름으로 네게 나아가노라 [46] 오늘 여호와께서 너를 내 손에 넘기시리니 내가 너를 쳐서 네 목을 베고 블레셋 군대의 시체를 오늘 공중의 새와 땅의 들짐승에게 주어 온 땅으로 이스라엘에 하나님이 계신 줄 알게 하겠고 [47] 또 여호와의 구원하심이 칼과 창에 있지 아니함을 이 무리에게 알게 하리라 전쟁은 여호와께 속한 것인즉 그가 너희를 우리 손에 넘기시리라"(삼상 17:45-47).

다윗은 골리앗이 모욕하는 이스라엘 군대의 하나님의 능력과 절대 주권적인 능력과 그 의지와 분노로 하나님이 반드시 골리앗을 죽여서 이스라엘과 언약을 채결하시고 그 언약을 절대 주권적으로 지키시되 이를 지켜보는 모든 존재들, "하늘에 있는 것이나 아래로 이 땅에 있는 것이나, 땅 아래에 있는"(출 20:4; 빌 2:10) 모든 존재들에게 여호와 하나님이 이스라엘과 언약을 맺으시고 그 언약의 증표로 가나안 땅을 허락하시고 계심을 만방에 알게 하리라고 여호와 하나님의 절대 주권적인 통치를 변론하였다.

4. 왕권에 관한 사울과의 갈등 내러티브(삼상 18장)

삼상 18장	(1-16) 다윗에 대한 백성들의 사랑과 사울의 살인적인 증오
	(17-30) 다윗을 향한 사울의 살해 음모와 다윗의 축복
삼상 24장	다윗이 동굴에서 사울을 살려주고, 하나님께 자신의 억울함을 탄원함.
삼상 25장	다윗이 나발을 살려주고 아비가일로부터 하나님의 축복을 승인 받음.
삼상 26장	다윗이 다시 사울을 살려주고, 하나님께 자신의 억울함을 탄원함.
삼상 27장	다윗이 아기스왕 밑에서 모략을 발휘하여 이중 신분을 유지함.
삼상 28장	사울이 신접한 여인으로부터 자신의 최후에 관한 저주 선고를 들음.
삼상 29장	다윗이 아기스 왕의 출전으로부터 가까스로 풀려남.
삼상 30-31장	다윗의 승리와 사울의 죽음

1) 월터 브루그만의 '서사적 전략' 독법

브루그만이 사무엘상·하나 역대기와 같은 성경의 내러티브 장르에서 주목하려는 점은 내레이터가 (그 어떤 문학작품에서 결코 찾아볼 수 없을 정도로) 매우 독특한 방식으로 독자들에게 '서사적 전략'(narrative strategy)을 실행하고 있다는 것이다. "나는 성경 본문의 '서사적 전략'이 어떻게 해서 주시할만한 가치가 있는 것인지를 보여주고자 노력했다. 왜냐하면 그렇게 함으로써 우리는 우리의 삶과 더불어 상당한 것을 만들어주는 서사적 전략에 집중할 수도 있고 서사적 전략을 비판할 수도 있기 때문이다."[41] 브루그만이 사회-수사학적 해석 방법론으로 성경 내러티브를 해석한 다음에, 독자들에게 본문의 신학적인 의미가 아니라 본문의 '서사적 전략'에 관한 메시지를 제안하려는 (그 마음 속의) 강한 동기가 있다. 그것은 인간의 자아는 자신의 정체성 내러티브와 공동체 정체성 내러티브에 대한 지속적인 정반합의 해석과 재기술, 그리고 이를 통한 서사적 해석 과정을 통하여 점진적으로 성장한다는 생각 때문이다. "나는 성경과 실천 사이의 공백을 메우기 위해서 구체적 사역 과제를 지향하는 해설을 제시하려 했고, 우리 사역의 불확실성 또는 극도의 확실성, 그리고 비효율성 또는 기만적 측면의 많은 부분은, 성경이 우리의 모든 사역 활동에 대한 맥락과 중대 원리를 어떻게 제공하는가를 우리가 이해하지 못했기 때문이라는 점을 시시하고 싶다."

예를 들어 브루그만은 사무엘상 2장의 한나의 노래를 역사적 및 문학적 관점에서 사무엘의 출생을 모세오경을 통하여 천명된 언약 백성의 불임으로 암시되는 하나님 부재에 대한 법률적 탄원에 대한 하

◇

41 Walter Brueggemann, *Power, Providence & Personality: Biblical Insight Into Live and Ministry*, 류의근 역, (서울: CLC, 2013), 16.

나님의 응답으로 해석하는 입장을 거부하고, "이스라엘 역사에서 왕정의 등장은 '무로부터의 창조(*ex nihilo*)'에 비견될만큼 전적으로 여호와 하나님의 은총임을 보여주려는 내레이터의 서사적 전략(narrative strategy)"으로 해석하였다.[42] 브루그만에 의하면 한나의 노래에서 주목할 부분은 하나님의 메시아로 인정되는 다윗의 이름이 이후의 거대한 왕정 내러티브 안에서 본격적으로 등장하기 오래 전부터 '왕'(king)이라는 단어와 싯구적인 평행어에 해당하는 '기름 부음 받은 자'(the messiah)라는 단어가 미래의 킹메이커에 해당하는 사무엘의 출생 직후에 (그 영광과 전혀 무관한 것처럼 보일 정도로 비참한 지경에 있는) 한나의 입술을 통하여 흘러나오고 있다는 것이다. 그래서 브루그만이 보기에 사무엘상 2장 한나의 노래에 담긴 내러이터의 (신학적인 의미에 해당하는) 서사적 전략은 메시아의 도래가 임박했음을 암시한다기보다는 당시의 암담한 정치 현실을 깨고서 하나님의 주권이 강력한 개입을 시작했음을 설득하려 한다는 것이다(Brueggemann, 2012:165).

브루그만은 사무엘상·하를 (등장인물의) 사회정치적 권력(sociopolitical power)과 (하나님의 은밀한) 섭리(providence), 그리고 (등장인물의 독특한) 성품(personality)의 세 주제로 해석하였다.

42 Walter Brueggemann, *An Introduction to the Old Testament; the Canon and Christian Imagination,* (Louisville : Westminster John Knox Press, 2012), 164.

① 사회정치적인 권력. 브루그만은 모세오경에 대한 사회학적 해석의 선구자 노만 고트발트(Norman Gottwald)의 사회학적 해석방법론을 따라서, "성경 본문이 개개인을 대리자로 사용하지만 그 개개인보다 더 크고 강력한 사회 체제와의 관련 속에서 작동하는" 정파적인 사회적 이해를 수단으로 삼아서 독자들에게 서사적 전략을 실행하고 있음에 주목해야 한다는 것이다(Brueggemann, 2013:34).

② 하나님의 섭리. 브루그만이 의미하는 섭리는 "인간 대리자의 의지와 선택을 능가하면서 더 중요한 목적을 위해 은폐된 채로 인내하는 가운데 주권적으로 이루어지는 하나님의 연출"이다(Brueggemann, 2013:35). 브루그만에 의하면 해석자가 성경 내러티브에서 하나님이 주권적으로 실행하는 표적이나 명령의 말씀을 도출하는 것은 그리 어렵지 않지만 그러한 축소되거나 환원된 이야기의 실행력은 공허한 메아리로 곧 사라질 것이라고 한다. "우리가 하나님의 은밀한 돌보심을 구성하는 것이 무엇인지를 깨달았다고 생각할 때조차도 이를 전하는 합당한 언어, 즉 초자연적이 아닌 언어, 또는 직접적이 아닌 언어, 또는 설명적이 아닌 언어를 제대로 발견하기란 매우 어렵다. 그래서 우리는 내레이터의 식별만큼이나 충분히 자제되고 숙달된 언어(또는 해석방법론)를 발견하지 않으면 안 된다"(Brueggemann, 2013:37).

③ 성품. 브루그만에 의하면, 현대의 독자들이 성경 내러티

브의 "심오한 심리학적 세련화 과정을 따라가면서 자세히 읽어갈수록 다윗, 사무엘, 그리고 사울의 변형들이 (사무엘상·하 도처에 널려) 있다는 것을 알게 된다. 그리하여 이러한 여러 인물의 성품(묘사)은 보여지는 바와 같이 안정적이지 않으며, 오히려 유동적으로 흘러가는 문학적 스케치라는 것을 알게 된다. 이러한 유동성을 우리가 여러 원천을 가지고 있다고 말함으로써 설명하기보다는 우리가 성품을 문학적 구성으로 다루고 있다고 결론 내리는 것이 훨씬 그럴듯해 보인다"(Brueggemann, 2013:38-9).

④ **사무엘서를 해석하는 목회적 과제.** 브루그만에 의하면 사무엘의 내러티브를 해석하는 현대의 독자들은 거창하게 의회 청문회 출석을 준비하는 중에 적절한 메시지를 찾으려고 하는 것도 아니고 중대한 공식적인 연설을 준비하다 성경책을 뒤적거리는 것이 아니다. "우리에게 훨씬 더 직접적이고 일상적인 문제들은 다음과 같은 것들이다. 너무 오래 사시는 아버지, 마약에 빠져 있는 자녀, 어떻든 파경에 이른 결혼, 부도난 수표, 낮은 학점, 실패한 위원회, 잃어버린 신앙, 새로운 결심, 알 수 없는 은총, 용서를 베푸는 멋진 행동, 삶과 신앙의 일, 그리고 사역에 힘을 불어넣거나 파괴하는 분노 등이다"(Brueggemann, 2013:51). 사무엘의 내러티브를 해석하는 해석자에게 "남겨진 일은 고통스럽지만 점진적으로 희망을 품고 다시 말하는 (retelling) 것인데, 그 과정에서 우리는 생소한 수렴현상을 목격하게 될

것이다.... 우리는 사무엘서에 나오는 이야기들을 그저 구경만 하는 방관자가 아니다. 우리가 넉넉하게 인내하면서 충분히 인정한다면 분명한 것은 우리가 다윗과 사울 내러티브의 한가운데 있다는 것이다. 즉 우리는 무자비한 힘에 떠밀려서 우리 자신의 과거의 가치를 평가하고 우리가 대담하게 하나님이라고 부르는 어떤 이를 통해서 뜻밖의 방문을 받는다. 목회적 과제는 이러한 이야기들을 잘 다루는 것이다. 그렇게 해서 그 이야기들이 우리 자신의 삶에 대해 거리를 두고 은폐로부터 벗겨내어서 대안적 삶의 조형이 되게 하고 권력의 실재, 섭리의 불가해성, 인격의 중대성이 저마다 할 말을 허락받는다"(Brueggemann, 2013:51-52).

2) '서사적 전략' 독법에 따른 삼상 18장 해석

브루그만에 의하면 사무엘상 18장은 다섯 개의 내러티브로 구성되어 있다. 세 개의 내러티브는 사울의 자녀 즉 요나단(18:1-5), 메랍(18:17-19), 미갈(18:20-28)에 관계한다. 확장된 내러티브로 사울과 다윗에 관한 내러티브(18:6-16)가 있다. 마지막 내러티브로 내레이터에 의해 지지된 재빠른 신학적 평결(18:29-20)이 있다.

월터 브루그만은 삼상 18장의 핵심이 '다윗의 급부상'에 관한 것이라는 다수의 신학자들의 입장을 그대로 존중한다. 하지만 후대의 독자들이 주목해야 하는 것은 전통적인 해석 독법에서처럼 다윗이 어떤 조건을 이행했기 때문에 이스라엘 가운데 급부상하는 인과율적인 논리나 다윗의 급부상 배후에 깔린 신학적인 의미가 아니다. 그보다는 다윗의 급부상에 관한 내러티브를 전개하면서 그 내러티브 배후에서 내레이터가 채택하는 서사적 전략을 독자 자신에게 그대로 적용할 줄 알아야 (앞에서 거듭 확인한 것처럼) 이 내러티브의 서사적 전략이 의도하는 '서사적 자아'의 서사적 정체성 형성'이 올바로 이뤄질 수 있다는 것이다.

"우리는 성경학자들처럼 그 이야기가 '다윗의 급부상'에 관한 것이라고 가정할 수 있다. 하지만 (이 내러티브 안에서) 사울은 그 이야기가 다윗에 관한 이야기라는 것을 (제대로) 이해하지 못했다. 사울은 그것이(다윗과 관계하는 사회적인 상황의 내러티브가) 자신이 결정적 인물로 등장하는 서사라고 잘못 생각했던 것이다. 사울은 자기 가족이 미쳐가고 있고 잘못되었으며 은혜에서 벗어나서 잔인하게 비뚤어져 가고 있다고 생각했다. 하지만 사울은 다음과 같이 물어야만 했다. 나의 가족, 왕위, 삶에 무슨 일이 일어났는가? 이 서사는 (조금씩 조금씩) 사울의 물음에 대한 답을 주고 있다"(Brueggemann, 2013:56).

이렇게 사회-수사적 독법을 따르는 브루그만은 삼상 18장에서 발굴해야 하는 해석 목표로 본문의 신학적인 의미나 영적 교훈보다는 본문의 사회-수사적 전략이나 수사적 역동성에 집중하고 있다. 이러한 수사적 전략이나 역동성의 지향점은, 본문 배후의 역사적 사실의 (설교를 통한) 언어적 재현이 아니라 본문 자체의 문학적 상상력으로 세속 사회의 타락한 권력 투쟁 배후에서 모순적이고 아이러니한 방식으로 새 역사를 소망했던 목소리들의 서사적 재구성이라고 할 수 있다.

브루그만은 삼상 18장을 서사적 자아 정체성 형성에 필요한 서사적 전략의 관점에서 해석하기 때문에, 다윗의 전체 내러티브 안에서 요나단이 다윗에게 잠정적인 왕권을 부여하는 장면이 매우 돌발적으로 묘사되는 것으로 생각한다: "요나단은 다윗에게 자기의 권력, 정통성, 권위, 왕위 계승권을 양도한다. 이것은 다윗의 이야기를 시작하는 데 있어 얼마나 놀라운 방법인가! 이 "아무것도 아닌 자"가 왕인 아버지와 왕자 사이에 끼어들었고, 그러자마자 요나단으로부터 잠정적인 왕권을 부여받는다. 다윗과 요나단 사이의 행동은 매우 신속하게 일어난다. 아무런 준비나 설명도 없다. 오로지 행동만이 네 구절을 채우고 있다..... 이 에피소드를 결론내리면서 내레이터는 삼상 18장 5절에서 다음과 같이 덧붙인다.

① 다윗은 어떤 임무든지 맡은 일을 잘 해냈다. 다윗은 황금의 손을 가졌다. 그는 항상 승리했다. ② 사울은 그를 장군으로 임명했다. 사울조차 다윗을 좋아했고 존경했다. ③ 온 백성과 사울의 신하들까지도 다윗을 마땅히 여겼다... 다윗은 만인과 만물을 자신에게 향하도록 만들었다. 다윗에 대한 이러한 관심이 어떻게 그토록 빠르게 일어날 수 있는지 정말 놀라운 일이다"(Brueggemann, 2013:60).

이후에도 계속 사울은 다윗을 죽이려고 하지만, 다윗은 매번 "자신의 모호한 위치를 공개적 승리로 바꾸어 놓는다(삼상 18:14-16). 다윗은 거듭 승리하고 사람들은 인정한다... 내레이터만이 다윗이 성공하는 이유를 알고 있다. 즉 야웨가 다윗과 함께 계시기 때문이다.... 우리가 지켜보는 사이에 권력자는 볼 품 없는 인물이 되고, 신임장도 없는 아무 것도 아닌 사람은 만인과 만물을 휘어잡는다”(Brueggemann, 2013:67-8).

브루그만은 사무엘상 18장 전체를 관통하는 세 가지 핵심 주제를 권력과 섭리, 그리고 성품의 관점에서 포착한다. 먼저 사울의 핍박 속에서 다윗의 성공이다(삼상 18:5,14,15,30) 독자들은 이 과정에서 치열한 사회 정치적인 권력 투쟁을 간파할 수 있다는 것이다. 둘째는 성품과 관련하여 다윗을 향한 사랑이다(1절, 요나단의 사랑, 3절 요나단의 사랑, 16절 온 이스라엘과 유다의 사랑, 20절 미갈의 사랑, 28절 미갈의 사랑과 온 이스라엘의 사랑), 그리고 셋째는 하나님이 다윗과 동행하시는 섭리다(Brueggemann, 2013:82-85).

이 세 가지 주제 중에서 브루그만의 관점에서 볼 때 참으로 주목할 만한 주제는 (내레이터에 의한) 다윗의 독특한 성품(묘사)이다. “다윗의 성품은 이 서사 전편을 지배한다.... 다윗은 대체로 수동적이지만 사람들이 오해할 수 없는 것은 내레이터, 사울, 요나단, 미갈, 그리고 여인들이 다윗을 ‘자연의 변종’, 사회적 예상의 돌연변이, 다시 말해서 쉽게 이해되거나 설명될 수 없는 것이 아니라 경이적인 것이라고 할 수 밖에 없는 신종(novum)으로 보고 있다는 점이다. 옥스퍼드 영어 사전은 ‘자연의 변종’(sport of nature)을 부모 가계나 유형에서 벗어난 비정

상적 변형을 보여주는 식물, 동물 등에서와 같은 방식으로 나타난 자발적 돌연변이, 새로운 변종으로 정의한다. 내가 보기에 이스라엘의 상상력에서 다윗은 정확히 그러한 '자연의 변종'이라서 이스라엘에 현존하는 기성 범주로는 결코 이해할 수 없다....

다윗의 서사는 매우 강력하고 사람을 가만히 두지 않는다. 왜냐하면 다윗은 실로 고대 이스라엘의 돌연변이(mutation)이기 때문이다.... 그는 고대 이스라엘의 진정 새로운 존재다. 누군가 신학적 관심을 가지고 이러한 돌연변이 개념을 생각한다면 우리는 다윗은 하나님의 섭리의 작품이기 때문에 그토록 놀랍다고 말할 수 있을 것이다. 다윗의 삶과 인격에 대해 통상적으로 설명할 수 있는 것 그 이상의 무언가가 작동하고 있다. 여기에서 말하는 '그 이상'은 하나님이 숨겨놓은 섭리의 연출이다. 은폐성이 말을 하려면 예술적 조형이 필요하다"(Brueggemann, 2013:85-88).

"그 섭리는 긍정적으로 인지되기도 하고 또 부정적으로 인지되기도 한다. 긍정적으로는 이 숨어 있는 일관된 주장은 '야웨는 다윗과 함께 계셨다'는 문구에서 나타난다. 이것은 얼마나 기묘한 문구인가! 어떻게 하나님이 그와 함께 계셨는가? 야웨는 어떻게 (이 세상에서) 실질적일 수 있는가?... 믿는 자만이 안다. 그 확증은 신학적 평결이다. 그 평결의 신빙성은 특별한 사례를 기초로 하고 거기서 나온다. 이스라엘은 '눈먼 사람이 다시 보고 다리 저는 사람이 걷고... 죽은 사람이 살아난다'(눅 7:22)고 확증될 때까지 '이 사람이 메시아다!'고 결론내리지 않았다. 이스라엘의 신학적 평결은 서사적 특수성과 밀접하게 존립하고 또 의존한다((Brueggemann, 2013:89-90).

"'서사적 특수성'은 이스라엘의 사고와 성경 신학이 진행하는 방식이다. 다시 말해서 그들은 어떤 거대한 일반화에 착수하지 않고 신학적 대의를 하나의 사례를 통해서 동시적으로 형성한다. 따라서 우리의 내레이터는 하나님의 섭리에 대한 일반적 주장을 내놓는 것이 아니라 다만 하나의 성경 본문을 일거에 보여주고 이상한 일이지만 다윗이 어떻게 안전하게 보호되고 성공을 거두는지를 보여준다. 역으로 서사는 일반적으로나 신학적으로 사울을 제거하지 않는다. 더 정확히 말하면, 서사는 사울의 인생이 곧 끝나버리는 데 대한, 아마도 자기를 스스로 파괴하는 데 대한 구체적인 많은 증거를 제공할 뿐이다."(Brueggemann, 2013:90-91).

이렇게 브루그만은 다윗 내러티브로부터 간단명료한 신학적 교훈 추출을 반대한다. 다윗이 믿음으로 골리앗을 때려눕혔기 때문에 후대의 독자들에게도 동일한 믿음이 요구되다는 신학적 원리화를 반대하는 것이다.

그럼에도 브루그만은 내러티브의 서사적 동력이 '자료에서 평결로 이행해가는' 차원은 분명 인정한다. 하지만 브루그만에게 자료에서 평결로 이행하는 해석 과정은 전통적인 역사적 및 문법적 독법에 따른 성령의 조명과 신학적인 이해가 아니라 매우 모순적이고 역설적이며 지속적이지 않고 간헐적이며, 선명하지 않고 대부분 모호하게, 명확하지 않고 주로 답답한 방식으로 진행되는 상상의 해석(imaginative construal)에 따른 것이다. 그런 과정을 통해서 얻어진 평결은 그래서 성령 하나님께서 본문에 빛을 조명해 주심으로 해석자가 깨닫는 분별력이 아니라, 내러티브의 복잡한 얽힘 구조 안에서 동일한 복잡성과 동일한 간절함으로 접근하는 독자에게 순간적인 창발로 얻어지는 통찰이라고 할 수 있다. "나의 논지는 그 신학적 평결은 서사의 외관으로는 자명하지 않다는 점이다. 그것은 해석적 판단과 자료를 오로지 그와 같은 평결에 이르도록 형태화하는 예술적 해석을 필요로 했다. 그와 다른 있을 법한 결론은 여기서 (자신의 책에서) 제공되지 않았다"(Brueggemann, 2013:93-4).

"사무엘상 18장에서 보이는 바와 같이 다윗과 야웨에 대한 연출적인 설명은 목회적 돌봄에 유용하다. 왜냐하면 그것은 나의 이야기이면서 나의 이야기가 아니기 때문이기도 하다..... 브루노 베틀하임(Bruno Bettleheim)은 요정 이야기가 아동에게 대안적 가능성을 창출해 주면서 아동의 상상력을 형태화하고 확립한다는 점을 잘 이해한 바 있다.... 베틀하임이 잘 보여준 바와 같이 아동은 결코 잭, 또는 세 마리의 작은 돼지, 또는 신밧드, 또는 빨간 모자를 자기 자신으로 혼동하지 않는다. 그렇기는 하지만 그 플롯에 나오는 다른 인물들과의 경이로운 참여는 현존한다. 사무엘상 18장에서도 그렇지만 현대 청중이나 고대 이스라엘 사람은 자신과 다윗을 혼동하지 않는다.... 내가 제안하는 바는 사무엘상 18장의 서사와 같은 서사들은 진지하게 취급되고 놀이 삼아 예민하게 조형되면 삶을 재기술하고 재구성하는 유쾌한 기회를 제공한다는 것이다"(Brueggemann, 2013:106-7).

"우리의 경험에 없는 이러한 이야기들은 '설명할 수 있는' 것처럼 보인다. 그러나 그렇게 되면 그런 이야기를 알아차리는 것은 가능하지 않다.... 모든 것이 설명될 때 삶은 거부되고 새로운 삶은 일체 상상할 수 없다.

우리의 '설명된' 삶에 대한 대안으로서 우리는 우리의 시시해진 일차원적 삶을 부수고 여는 이야기들을 제공받는다. 우리는 오랫동안 이러한 이야기들의 결과를 (충분히) 알았다고 생각한다. 그러나 이제 이러한 이야기들은 우리의 삶을 위해 새로이 놀라운 방식으로 시 말하는 것을 기다린다. 그것들이 다시 말해지지 않을 때 우리는 과거에 있었던 그대로를 견디어야 한다. 그 이야기들이 다시 잘 말해질 때, 우리는 하나님의 섭리적 돌봄이 우리의 주목할만한 성품과 교묘하고 파괴적 힘을 훨씬 상회하는 새로운 세계를 제공받을 수 있다"(Brueggemann, 2013:109-110).

3) 언약 법률적 판례 해석

삼상 18장은 (넓게는 삼상 13장과 15장에서 사울왕이 하나님의 우주적인 법정에서 언약 법률의 중보적 변론 책임을 제대로 이행하지 않았던 사울왕의 불순종에 따른 폐위의 후속 조치로 자기가 맡은 양떼들을 해치려는 사나운 들짐승들의 난입 문제 앞에서 자신의 중보적 변론 책임을 제대로 이행했던) 다윗의 갑작스런 등장을 다루는 삼상 16장과 17장과의 연속성 속에서 해석되어야 한다. 앞서 확인한 바와 같이 삼상 17장에서 다윗은 하나님과 맺은 언약을 짓밟으며 블레셋을 대표하는 자신과 새로운 조약 체결을 주장하며 난입했던 골리앗을 일격에 물리쳤다. 이를 통해서 다윗은 자신이 하나님의 우주적인 법정에서 하나님의 계명에 대한 중보적 변론 책임을 올바로 감당함으로 사울왕의 왕권 이양의 적임자임을 만천하에 증명하였다. 이어지는 내러티브의 관심은 살인적인 광기 수준으로 권력 집착에 빠진 사울왕이 과연 순순히 다윗에게 왕권을 이양할 것인가 하는 것이다.

이러한 관심과 삼상 18장은 두 가지 흐름을 보여준다. 첫 번째 흐름은 다윗을 향한 사울의 살인 의지가 오히려 다윗의 중보적 자격을 돋보이도록 하는 역설적인 계기로 작용한다는 것과 두 번째 흐름은 그렇게 사울왕은 다윗을 인정하려 들지 않지만 그의 아들 요나단이 "다윗을 자기 생명같이 사랑하여 더불어 언약을 맺었으며"(18:3), 왕권을 상징하는 "겉옷을 벗어 다윗에게 주었고 자기의 군복과 칼과 활과 띠도"(삼상 18:3-4) 제공함으로써 다윗이 사울왕을 대신하여 골리앗을 무찌름으로 만천하에 확인된 하나님 나라 중보자의 왕권 통치에 실제로 부합해야 하는 왕권 이양의 (공식적이고 상징적인) 절차가 뒤따른다는 것이다.

5. 사울 왕을 살려주는 내러티브 (삼상 24장, 26장)

사울왕은 하나님으로부터 허락받은 왕권으로 다윗을 포함한 하나님 나라 백성들을 은혜와 진리로 통솔해야만 했다. 하지만 왕권 유지에 눈이 어두운 사울왕은 골리앗을 무찌르고 백성들에게서 인정을 받은 다윗을 시기 질투하는 마음으로 다윗을 죽이고자 하였다. 다윗은 하는 수 없이 사울왕의 궁을 탈출하여 광야로 도망쳤다. 그럼에도 사울왕은 군대를 이끌고 이스라엘 온 광야를 추적하다 우연히 다윗 일행이 머무르고 있던 동굴로 들어오게 되었다.

사무엘상 24장에서 다윗은 잠에 떨어진 사울왕을 처단할 수 있는 절호의 찬스를 얻었다. 곁에 있던 다윗의 사람들이 확신에 찬 목소리로 다윗을 설득하고 나섰다. "여호와께서 당신에게 이르시기를 내가 원수를 네 손에 넘기시리니 네 생각에 좋은 대로 그에게 행하라 하시더니 이것이 그 날이니이다"(삼상 24:4). 다윗으로는 얼마나 이 날을 기다려왔던가?

하지만 다윗은 "일어나서 사울의 겉옷 자락을 가만히 베기만 하였다." 다윗이 이 날 베었던 사울의 겉옷 자락은 사울왕의 왕권을 상징한다. 다윗이 사울왕을 처단할 수 있음에도 불구하고 이를 감행하지 않고 오히려 왕권을 상징하는 사울왕의 겉옷 자락만 벤 이유가 있다. 다윗으로서는 진퇴양난에 빠졌기 때문이다. 한편으로 "내가 손을 들어 여호와의 기름 부음을 받은 내 주를 치는 것은 여호와께서 금하시는 것이기 때문이다"(삼상 24:6). 여호와의 기름 부음을 받은 자는 여호와 하나님의 뜻을 이 세상에서 대행하는 메시아이다. 사울왕은 여호와의 기름 부음을 받은 자다. 사울왕을 죽이는 것은 살아계신 하나님을 대적하는 것이다. 다윗으로서는 살아계신 하나님을 대적할 수 없다. 그래서 다윗으로서는 사울왕을 죽일 수 없었다.

그러나 또 다른 한편으로 다윗으로서는 도저히 이해가 되지 않는 것이 있다. 그것은 자신 역시 하나님에게서 기름 부음을 받은 자가 아닌가? 그런데 왜 하나님께서는 하나님의 기름 부음을 받은 사울왕을 동원하여 자신을 죽이려고 하는가? 그래서 다윗은 하나님의 우주적인 언약 법정에 탄원하고 싶은 심정이다. "내 아버지여 보소서! 내 손에 있는 왕의 옷자락을 보소서 내가 왕을 죽이지 아니하고 겉옷 자락만 베었은즉 내 손에 악이나 죄과가 없는 줄을 오늘 아실지니이다. 왕은 내 생명을 찾아 해하려 하시나 나는 왕에게 범죄한 일이 없나이다 여호와께서는 나와 왕 사이를 판단하사 여호와께서 나를 위하여 왕에게 보복하시려니와 내 손으로는 왕을 해하지 않겠나이다... 그런즉 여호와께서 재판장이 되어 나와 왕 사이에 심판하사 나의 사정을 살펴 억울함을 풀어 주시고 나를 왕의 손에서 건지시기를 원하나이다"(삼상 24:11-12, 15).

이렇게 다윗이 사울왕의 겉옷 자락을 손에 쥐고서 우주적인 언약 법정에서 재판관 여호와 하나님께 자신의 억울함을 탄원하였다. 그러자 다윗이 살아계시는 여호와 하나님에 대한 분명한 임재 의식의 증거물을 손에 쥐고서 자신의 억울함을 탄원하자, 최고 대적자 사울왕으로서는 더 이상 가만히 침묵할 수 없었다. "다윗이 사울에게 이같이 말하기를 마치매 사울이 이르되 내 아들 다윗아 이것이 네 목소리냐 하고 소리를 높여 울며 다윗에게 이르되 나는 너를 학대하되 너는 나를 선대하니 너는 나보다 의롭도다 네가 나 선대한 것을 오늘 나타냈나니 여호와께서 나를 네 손에 넘기셨으나 네가 나를 죽이지 아니하였도다.... 보라 나는 네가 반드시 왕이 될 것을 알고 이스라엘 나라가 네 손에 견고히 설 것을 아노라"(삼상 24:16-17, 20). 아무리 사울왕이 왕권 집착 때문에 가장 적임자라고 백성들이 인정하고 "여호와께서 다윗과 함께 계심을 사울이 보고 알았음에도 불구하고"(삼상 18:28) 다윗을 시기 질투하여 모든 수단을 총동원하여 다윗을 죽이고 싶었으나, 결국 우주적인 재판정을 온전히 구현하는 다윗의 공의로운 용서와 탄원 앞에서 사울은 다윗이 반드시 이스라엘 왕권의 최고 적임자임을 반-증언하였다.

사무엘상 24장의 주해의 중심사상은 다음과 같이 정리할 수 있다. 다윗은 사울왕에게 보복할 수 있는 상황에서도 살아계신 하나님의 섭리에 대한 믿음으로 그의 옷자락만을 가만히 베었다. 사울왕과 거리를 둔 상황에서 다윗은 사울왕의 겉옷 자락을 손에 쥐고서 자신의 무죄를 사울왕에 탄원하자, 사울왕이 자신의 잘못을 뉘우치며 다윗에게 하나님의 복을 빌어주었다.

그렇다면 사무엘상 24장에서 해석자가 도출할 수 있는 영적 교훈은 무엇일까? 신학적인 원리화 작업을 위하여 먼저 신학적인 주제를 정하고, 이 주제를 풀어서 말하는 서술 문장을 찾아보자! 신학적인 주제는 하나님의 섭리나 살아계신 하나님의 통치, 또는 고난을 통한 성도의 연단, 성도의 인내를 생각해 볼 수 있다. 서술문은 이러한 신학적인 주제를 자세히 서술하는 것이다.

하나님은 자신의 백성들이 하나님의 말씀만을 철저하게 의지하도록 훈련하고자 (다윗의 경우처럼) 광야에서 연단을 받게 하신다. 신자들이 영적 전쟁에서 실패하는 이유는 눈에 보이는 세속적인 가치관이나 사고방식에 흔들리기 때문이다(다윗은 이런 유혹을 잘 극복하였다). 고난의 상황에서 신자는 눈에 보이는 세속적인 부귀영화나 어둠의 세력들에 미혹되지 말아야 한다. 신자는 늘 우주적인 언약 법정의 재판관이신 여호와 하나님께 시선을 고정해야 한다. 눈에 보이는 주변 상황이나 사람들을 상대함이 아니라 보이지 않지만 그의 말씀과 성령의 감동으로 온 세상을 주관하시고 섭리하시는 여호와 하나님을 상대해야 한다. 여호와 하나님은 고난을 통하여 우리 신자들이 오직 여호와 하나님의 말씀에 순종하며 우리 마음을 다하고 목숨을 다하고 뜻을 다하여 하나님만을 사랑함을 증명할 수 있어야 한다.

사무엘상 25장에서 다윗이 나발을 용서하는 장면에 대한 원리화도 이와 같은 관점에서 진행할 수 있다. 이어지는 26장에서 다윗은 24장과 동일하게 사울왕의 목숨을 가져갈 수 있는 똑같은 상황에 직면한다. 하지만 이 때에도 다윗은 사울의 목숨을 살려주고 또 사울왕이 다윗 앞에서 자신의 잘못을 거듭 뉘우치며 다윗에게 하나님의 복을 빌어주었다.

이렇게 사무엘상 24장과 26장은 거듭하여 사울왕의 목숨은 다윗에게 맡겨지고, 다윗은 반복적으로 사울왕의 목숨을 살려준다. 그러자 사울왕은 하나님의 우주적인 언약의 법정에서 반-증언의 입장에서 다윗이 이스라엘 최고의 중보자임을 인정할 수 밖에 없었다. 내레이터가 거의 비슷해 보이는 사건을 샌드위치 기법으로 반복적으로 배열한 이유가 있다. 다윗은 여호와 하나님의 우주적인 언약 법정을 살아내는 자신의 인생 속에서 코람데오 하나님의 임재 의식을 영원토록 초지일관 지켜갈 것임을 보증하려는 것이다.

다윗 : 원하건대 내 주 왕(중의법)은 이제 종의 말을 들으소서. 만일 왕을 충동시켜 나를 해하려 하는 이가 여호와시면 여호와께서는 (지금 당장 종 목숨의) 제물을 받으시기를 원하나이다마는 만일 사람들이면 그들이 여호와 앞에 저주를 받으리니 이는 그들이 이르기를 너는 가서 다른 신들을 섬기라 하고 오늘 나를 쫓아내어 여호와의 기업에 참여하지 못하게 함이니이다(19절).

사울 : 내가 범죄하였도다 내 아들 다윗아 돌아오라 네가 오늘 내 생명을 귀하게 여겼은즉 내가 다시는 너를 해하려 하지 아니하리라 내가 어리석은 일을 하였으니 대단히 잘못되었도다(21절).

다윗 : 왕은 (사울의) 창을 보소서 한 소년을 보내어 가져가게 하소서. 여호와께서 사람에게 그의 공의와 신실을 따라 갚으시리니 이는 여호와께서 오늘 왕을 내 손에 넘기셨으되 나는 손을 들어 여호와의 기름 부음을 받은 자 치기를 원하지 아니하였음이니이다. 오늘 왕의 생명을 내가 중히 여긴 것 같이 내 생명을 여호와께서 중히 여기셔서 모든 환난에서 나를 구하여 내시기를 바라나이다 (22-24절).

사울 : 내 아들 다윗아! 네게 복이 있을지로다 네가 큰 일을 행하겠고 반드시 승리를 얻으리라!(25절)

하나님의 기업에 참여하도록 부름 받은 정당성에 관한 다윗의 최후 증언과 아울러 다윗의 정당성을 하나님의 공의에 비추어 철저하게 인정하는 사울의 반대-심문을 거친 최후의 반대-증언이 각각 선포되고 있다. 다윗 편에서나 사울 편에서 서로에 관하여 언급할 수 있는 법정적인 증언은 더 이상 기대할 수도 없고 기대해서도 안 될 것이다.

사울 편에서 최고의 반대심문과 반대증언이 천명되었음에도 불구하고, 이 증언 이후로 사울의 마음은 전혀 달라지지 않은 것처럼 보인다. "다윗은 자기 길로 가고 사울은 자기 곳으로 돌아가니라." 왜 사무엘상 26장의 내러티브가 이렇게 끝나야 하는가? 그렇게 철저한 반성과 통회하는 회개를 거쳤다면 사울은 다윗에게 화해의 제스처를 제안해야 하지 않을까? 자기 사위를 데리고 사랑하는 딸이 간절히 기다리는 예루살렘으로 함께 돌아가자고 제안해야 하지 않을까? 어떻게 그냥 자기가 지옥이라도 불태울 것 같은 폭발적 증오심으로 출발했던 '자기 곳'으로 그냥 그대로 돌아갈 수 있을까?

이런 화려한 말잔치에 질려버린 다윗이라면 이렇게 생각하는 것은 어쩌면 당연한 귀결이 아닐까? "다윗이 그 마음에 생각하기를 내가 후일에는 사울의 손에 붙잡히리니 블레셋 사람의 땅으로 피하여 들어가는 것이 좋으리로다 사울이 이스라엘 온 영토 내에서 다시 나를 찾다가 단념하리니 내가 그의 손에서 벗어나리라"(삼상 27:1). 다윗이 사울왕의 집요한 추격에 함께 고통을 당하는 유다 지파 600명의 사람들 때문에 혼자서 가나안 광야나 작은 동굴 하나에서 혼자만의 몸을 잠깐 숨기면서 끝까지 버텨볼 수 있는 상황이 아니었다.

6. 적장 아기스왕과 방백들 내러티브(삼상 27, 29장)

1) 다윗왕에 대한 삼중의 무죄 방면

브루그만에 의하면, 다윗을 향한 이스라엘 백성들의 존경과 신뢰의 목소리가 (치열한 왕위 쟁탈전이 진행되던 이스라엘의 사회 정치적인 맥락을 고려할 때) 다윗 내러티브 안에서는 너무나 편협하고 이상적으로 묘사되기 때문에 (사울왕이 속한) 베냐민 지파의 좀 더 솔직한 당시 (다윗에 대한 반대) 여론을 더욱 철저하게 무력화해야만 하는 사회 정치적인 상황을 고려한 수사적 전략이 필요했다는 것이다. "사무엘상 24-26장, 그리고 사무엘하 1-4장에서 다윗은 거듭하여 왕권 쟁취를 위한 유혈 참사를 엄격하게 반대하였다. 이렇게 다윗이 (필연적인 것처럼 보이는) 폭력과 죄를 피해간다는 것이 다윗 내러티브를 이끌어가는 내레이터의 의도임이 분명하다.

그러나 그 서사가 다윗의 동시대인들 사이에 퍼져 있는 여론을 설득하기에 충분하지 않다는 점을 암시하는 징후가 있다. 사무엘하 16장 7-8절에서 다윗이 주의 깊게 자기 이익을 도모하는 선전이 완전하게 성공한 것은 아니라는 점을 시사하는 단신이 나온다. 시므이는 사울을 위한 대의에 충성한 늙은 심복인데, 다윗 반대 여론의 목소리를 열정적으로 들려준다. 그는 다윗을 향해 외친다: 영영 가거라! 이 피비린내 나는 살인자야! 이 불한당 같은 자야! 네가 사울의 집안 사람을 다 죽이고 그의 나라를 차지하였으니 이제는 주님께서 그 피 값을 모두 너에게 갚으신다. 이제는 주님께서 이 나라를 너의 아들 압살롬의 손에 넘겨 주셨다. 이런 형벌은 너와 같은 살인자가 마땅히 받아야 할 재앙이다(삼하 16:7-8)"(Brueggemann, 2013:163-4).

"시므이의 목소리는 다윗이 (거룩한 신앙) 정신이 아니라 살과 피로, 야웨의 이름이 아니라 칼과 창과 투창으로 권력에 도달했다는 이스라엘의 생생한 의견이다. 다윗의 왕위는 시므이의 주장대로라면 하나님의 섭리의 선물이 아니라 난폭한 야만적 힘의 작용이다. 시므이의 목소리가 중요한 것은 친다윗적인 '공식' 서사가 이스라엘을 완전히 설득하지 못했다는 것을 증거하기 때문이다. 다윗은 아직도 설득력 있는 무죄방면을 필요로 한다....

우리가 고찰한 다윗의 서사는 이스라엘이 흘린 피로부터 다윗의 결백을 유지하는 데 공을 들인다. 하지만 고대 이스라엘에는 다윗과 그의 권력 체제의 확립에 관해 의심의 잔여물이 남아 있었음에 틀림없다. 나는 사무엘상 27-30장에 나오는 서사가 다윗에게 지속적으로 요구되었던 무죄방면의 필요를 해결하기 위해서 형성된 것이라는 의견을 제출하는 바이다"(Brueggemann, 2013:165-6).

이 대목에서 거듭 확인되는 것이 있다. 브루그만은 사무엘상과 사무엘하의 내러티브 본문의 핵심 흐름이 역사적으로 발생한 사건의 순차적인 진행을 따른다는 입장을 받아들이지 않고 다윗과 사울에 관한 다양한 이야기들이 이스라엘 사람들의 입에서(구전) 그리고 손에서 (문전) 여러 신학적인 의도 아래 만들어지고 수정되고 첨삭되는 과정을 거쳐 최종적으로 오늘날과 같은 사무엘상·하의 내러티브가 완성되었다고 본다. 따라서 브루그만은 최종적으로 편집된 사무엘상·하 안에서 내러티브 흐름은 역사적으로 발생한 사건의 시간적인 순서보다는 편집자가 의도하는 서사적 상상력의 논리적 흐름을 따르는 것이 더 중요하다고 생각한다.

이렇게 브루그만은 다윗이 왕권을 계승하는 과정에서 (세상의 왕들처럼) 폭력과 살인을 결코 동원하지 않았다는 3중의 무죄방면이 다윗 내러티브를 편집했던 내레이터에게 꼭 필요했다고 해석했다. ① 삼상 24-26장이 첫 번째 직접 사울왕의 입을 통한 무죄방면이라면, ② 삼하 1-4장은 두 번째 사울왕 사람들로부터 자행된 사울왕의 직계 자손들에 대한 학살로부터의 무죄방면, ③ 그리고 삼상 27-30장은 세 번째 이방의 아기스 왕과 그 방백들로부터의 무죄방면을 다룬다는 것이다.

브루그만에 의하면 내레이터가 세 번째 무죄방면의 결론을 만들기 위해서 먼저 사무엘상 27장에서 세 가지 논점을 통하여 서사적 긴장을 고조시킨다. 첫째 다윗은 이스라엘의 전통 적수인 그술 사람, 기르스 사람, 아말렉 사람을 습격하고 다윗의 이방인 습격이 바깥으로 세어나가지 않도록 모두를 도륙했던 것으로 묘사된다(27:8). 둘째 다윗은 블레셋 주인 아기스 왕에게 자신이 이스라엘과 동맹한 유다 지역, 여라무엘 족속과 겐 족속을 습격했다고 거짓 보고를 했다(27:10). 셋째,

아기스는 다윗이 이스라엘에게 미움을 받아서 결국 영원히 자기 부하가 될 것이라고 확신했다(27:12).

삼상 29장으로 들어가면 블레셋과 이스라엘 사이에 전쟁이 일어나고 다윗은 아기스왕을 따라 이스라엘 사람들을 공격하는 블레셋의 전면전에 동참해야 하는 진퇴양난의 상황에 빠진다. "우리는 딜레마에 빠진 다윗을 야웨가 구원할 것이라고 상상했다. 그러나 야웨는 이 서사에서 완전히 부재한다. 실제적인 정치적 사건이 스스로 완수되도록 한다. 이 에피소드는 그 자체로 보면 전적으로 인간 드라마이다. 맥락으로 보면 하나님은 그 서사에서 표면적으로 부재한다"(Brueggemann, 2013:171).

브루그만에 의하면 아기스는 중도적 인물이다. 그는 개인적으로 다윗에게 신실하고 다윗의 신뢰성을 믿고 다윗의 거짓을 참으로 받아들인다. (아기스는 세 번이나 자신의 지휘관들에게 다윗의 무죄를 주장했다: 삼상 29:3, 6, 9). 그러나 아기스는 다윗에 대한 자신의 확신이나 신실함에 따라 행동할 수 없다. (왜냐하면 지휘관들이 제기하는 다윗의 정체는 그가 골리앗을 때려 눕히고 모든 이스라엘 백성들로부터 사울왕을 능가하는 지도자로 인정을 받았다는 것이다: 그들이 춤추며 노래하여 이르되 '사울이 죽인 자는 천천이요 다윗은 만만이로다' 하던 그 다윗이 아니니이까 하니, 삼상 29:5)

아기스가 세 차례 자기 방백들에게 다윗의 무죄를 주장했음에도 불구하고 방백들의 반대로 결국 "다윗은 블레셋 사람과 함께 싸우러 나가도록 허락되지 않는다. 다윗은 전장에서 멀리 떨어진 시글락으로 안전하게 돌아간다.... 따라서 삼상 29장에 나오는 아기스의 삼중적 무죄방면 공식은 그 서사에서 (다윗이 블레셋의 전쟁으로 맞닥뜨린 무서운 선택에 관한) 블레셋 에피소드보다 (수사적 상상력의 관점에서 볼 때) 훨씬 더 큰 목표를 가지고 있다. 그 무죄방면 공식은 (삼상 24-26장에) 사울과 나발에 관해서, 그리고 (삼하 1-4장에) 사울, 아브넬, 이스보셋에 관해서 다윗을 확증하고자 서사 전체를 선회하고 있다. 요컨데 '그 사람은 아무 죄가 없다'는 것이다"(Brueggemann, 2013:174-5).

"다윗의 무죄는 부지중에 바로 곧이듣고 믿는 블레셋 사람의 입술에 의해서 입증되었다. 그러나 그것은 어떤 종류의 방면인가? 그것은 사법적 무죄방면이 아니다. 그것은 서사적 무죄방면인데, 똑바르고 명확한 것이 아니라 다윗에게 항상 따르는 바, 연출과 성가심과 유혹과 초대와 같은 종류의 눈감아 주는 애매한 것이다. 그 무죄방면은 이스라엘의 서사적 상상력에서 암시적이고 양면적인 방식으로 운영된다.

(삼상 29장에서) 표면적으로 다윗은 무죄방면된다. 아기스는 자신이 세 번 말하는 것을 진심으로 의도한다.... 그러나 우리(독자들)는 아기스가 아는 것보다 더 많이 안다. 우리는 다윗이 이중 거래자라는 것, 그래서 실제로 죄가 있다는 것을 안다. 따라서 다윗은 표면으로 보면 무죄이지만 명백히 유죄이다(다윗의 무죄방면이 법률적 시각으로 볼 때 애매하다).

그러나 우리는 이 애매성의 배후로 더 들어가서 한 단계 더 나아갈 수 있다. 그 이야기는 블레셋 사람이 듣기 위한 것이 아니다. 실제로 다윗이 블레셋 규범에 따라 무죄냐 유죄냐 하는 것은 그 서사 그리고 마음에 두고 있는 이스라엘 청중과는 아무런 관련성이 없다.... 서사에서 다윗의 무죄는 (다윗이 아기스를 포함하여 그 누구도 속여서는 안 된다는) 절대적 규범에 따르는 것이 아니라 이스라엘의 복지와 미래와 하나님의 통치에 따르는 것이다. 이것은 이방인으로 무시된 블레셋 사람을 앞지르고 뛰어넘는 것을 요구한다.

.... 아기스가 자신이 이해할 수 없었던 (그는 이스라엘의 신앙에 접근하는 통로가 없기 때문에) 이유들 때문에, 다윗은 죄가 없다고 말하는 것은 맞다. 다윗은 큰 문제들에 대해서 이스라엘과 함께 하는 신앙을 지니고 있었다. 다윗은 철저하게 신실하고 의로운 사람이었다.... 아기스는 비록 전혀 잘못된 이유에서 그랬겠지만 참된 신뢰할 만한 평결을 내린 것이다(Brueggemann, 2013:176-7).

2) 브루그만의 서사적 실재론

그렇다면 브루그만이 확신하기에 다윗 내러티브로부터 나름의 심오한 (진리가 아니라) 진실된 빛의 한 줄기를 독자들에게 비춰줄 수 있으리라 기대하며 사회-수사학적 독법을 따라 삼상 28장의 아기스왕에게서 풀려난 다윗의 이야기를 해석했을 때 얻어낼 수 있는 사뭇 놀랄 만한 진실은 무엇일까?

그것은 한 마디로 말하자면, 다윗의 이야기는 독자들을 현실 권력의 야생성과 하나님 섭리의 은폐된 탄력성, 그리고 신앙 인격의 파토스의 삼요소가 함께 수렴하는 서사적 실재론의 애매모호함 한 가운데로 정초시킴과 동시에 그러한 서사적 실재론의 애매모호함으로 형성된 서사적 상상력의 능력으로 새로운 미래를 열어젖힐 수 있는 서사적 동력을 제공한다는 것이다(Brueggemann, 2013:191).

브루그만은 성경 내러티브로 새로운 현실을 창조해야 할 현대의 기독교가 세속적인 계몽주의와 합리주의에 붙잡혀 있는 것을 다음과 같이 비판한다.[43]: "통상적으로 인간의 삶에 대한 우리의 소시민적 식별은 도덕은 선택할 수 있고, 삶은 해결을 요하는 일련의 문제들이고, 관리될 가능성은 시계의 범위 내에 들어오는 모든 것이라는 계몽주의적 지각에 지배되어 있다.... 그러나 성경은 공적 삶의 표면 아래에 으레 있기 마련인 격렬한 야만성을 오랫동안 알고 있다(비판해왔다는 의미).... 통제를 위한 살인욕망이 결혼생활의 친밀성, 가족 갈등, 교회 행정의 관료주의 가운데서 일어난다. 이렇듯 길들여지지 않은 열정적인 야만성은 마침내 우리가 누구인지를 구성하는 일부인 셈이다"(Brueggemann, 2013:180-181).

"다윗의 서사가 우리의 주의를 끄는 것은 그것이 우리 자신의 삶,

◇

43 아래의 내용은 브루그만의 주장(p. 181-913)을 그대로 요약하여 소개한다. Brueggemann, 2013:181-193.

다시 말해서 생각 없는 단순한 삶이지만 있는 그대로의 해결되지 않은 무자비한 삶을 주제로 삼기 때문이다. 우리는 가해자이든 희생양이든 항상 피 가까이에 있다. 어느 경우이든 우리는 우리가 정당화할 수도 거부할 수도 없는, 거의 대부분은 인정되지 않는 채로 남아 있는 폭력에 의해서 제압되어 있다.

(이런 상황에서 다윗의) 서사는 폭력과 복수의 유혹이 난무하는 가운데서 도덕의 가능성에 관한 문제를 계속 제기한다. 아비가일은 '억제'와 '양심의 가책'을 말한다. 다윗과 사울은 '의'와 '신실'에 관해 대화를 주고 받는다.

하지만 이 문제들에 관해서 요압은 말할 것도 없지만 다윗, 사울, 아비가일은 낭만적이지 않다. 그들은 단 한 순간이라도 신실과 의가 쉬운 선택지, 명백한 선택지, 선택할 수 있는 선택지라고 상상하지 않는다. 이것들은 항상 두려움, 탐욕, 증오, 그리고 복수에 의해 둘러싸인 선택이고 위험과 위기 속에서 취해지는 선택이며 고상함뿐만 아니라 신뢰, 복종, 순종까지도 요구하는 선택이다...."(Brueggemann, 2013:182).

"다윗의 서사들은 격노에도 두려움에도 이끌리지 않는 비전의 단일성과 함께 살아갈 수 있는 또 다른 삶을 열렬히 간구하는 것을 드러내고 있다. 다윗이 우리의 상상력을 붙들고 있는 것은, 그가 또 다른 삶이라는 이 비전을 지배욕에 의해서가 아니라, 지배욕을 넘어서 해내기 때문이다"(Brueggemann, 2013:182-3).

“이 서사들은 이야기 과정에서 매우 강력하게 현존하는 부재하는 분(the Absent One)이라는 이름에 주목하도록 우리를 초대한다. 그것은 서사에서 그렇듯이 야웨의 이름을 항상 불러내기 위한 스타일로서 유형화된 말일지도 모른다. 그러나 야웨를 자주 참조함으로써 야만성이 격렬한 가운데서도 다른 관계자가 움직이고 있다는 것을 상상하도록 만든다……

근본적으로 다윗과 아비가일은 ‘주님께서 원수를 갚아주신다’(삼상 25; 39)고 선언하는 그 다른 분이 존재한다는 것을 믿는다. 이것은 다윗의 개인적 세계가 인간의 복수가 필요 없는 또는 작용하지 않는 결백한 세계라는 것을 주장하려는 것이 아니다. 나발이 안 것처럼 실로 다윗의 세계에는 복수가 있다. 그러나 그것은 야웨의 강력한 신실함에 최종적으로 맡겨진 복수다. 서사가 확증하는 이러한 확신이 야웨의 도덕적 진정성을 엄밀하게 명확히 분절하여 표현하도록 허락한다. 하지만 그것은 최종적으로 하나님에 의해서 결정되는 도덕적 진정성이지 우리에 의해서 선취되지 않는다.

사울, 나발, 아말렉 족속, 요압, 바아나, 그리고 레갑에게 최종적으로 보복해야 하는 자는 하나님이지 다윗이 아니다. 다윗은 그들의 파괴성을 해결할 수도 없고 해결해서도 안 된다. 야웨가 움직이고 있고 의와 악은 야웨가 판결한다. 야웨의 사역은 블레셋 진영의 지휘관들이 부지 중에 개입한 데서 보여지는 것처럼 숨겨져 있거나 간접적인 것일지도 모른다. 아니면 야웨의 사역은 아비가일 같은 인간 대리자를 통해서 이루어질지도 모른다. 그러나 결국 결정권을 쥐는 것은 야웨의 통치이다.....

그래서 종국적으로 (우리와 함께) 다윗은 다음과 같이 물어야 할 것이다: '주님, 주님께서 죄를 지켜보고 계시면 주님 앞에 누가 감히 맞설 수 있겠습니까?'(시 130:3). 그렇다 아무도 맞설 수 없다. 그러나 아마도 다윗, 그리고 다윗과 여정을 같이 하는 모든 사람은 주님 앞에 '서는 것'이 가능하다. 왜냐하면 하나님이 신의를 맹세하셨고 다윗의 안녕을 책임지시기 때문이다.

서사적 실재론의 흥미로운 여정을 거쳐서 우리는 의와 정당화라는 오래된 거대한 주제로 다시 돌아온다.... 그러나 칭의의 주제는 어거스틴에서 루터로 이어지는 전통에서 해설된 것처럼 죄, 죄의식, 하나님과의 분리라는 순수하게 종교적인 주제가 아니다.

구약을 특징지우는 바 하나님 앞의 의의 문제는 그보다 훨씬 더 공적 세계와 연결되고 훨씬 더 이웃과 정치적 현실에 관계하고 권력과 야만성, 폭력, 복수, 그리고 그 대응 주제인 신뢰, 복종, 기다림에 관계한다....

우리가 다윗의 서사를 숙고하는 것은 우리의 삶이 다윗의 삶과 같기 때문이다. 우리는 항상 권력의 도상에 있는데, 이 과정은 어둠 속에서 궁리하며 때때로 어둠이 놀라운 삶의 선물로 바뀌는 과정이기도 하다. 우리의 삶의 문제는 끝없이 이러한 유감스러운 유혹의 실재들에 의해서 굴절된다. 우리는 우리를 이끄는 탐욕스러운 근심에서 빠져 나올 수 있는 힘과 희망에서 무력하고 무망하다. 우리의 문제는 우리가 보지 못한 하나님을 우리가 죽이기를 원한다는 것이 아니다. 오히려 우리의 문제는 우리가 보았던 우리 자신의 형제자매를 우리가 죽이기를 원한다는 것이다(요일 4:20).

우리는 이 강력한 서사에서 너무 두려운 주제를 함께 하고 있다. 왜냐하면 여기에는 우리가 거절하기 일쑤인 너무 많은 것이 있기 때문이다. 즉 이 흑암의 강력한 실재를 인정하는 것, 포용하는 것, 변혁하는 것은 우리의 낭만적 정서적 문화에서 거의 사라졌다는 뜻이다. 그러나 폭력의 불길한 실재를 맞닥뜨릴 때까지 복음은 우리의 낭만적 자기기만에 공모하는 한 줌의 '자력'보다 훨신 더 못한 것이다.

(성경의) 서사는 우리를 인도하여 우리가 거절하기를 원할지도 모르는, 우리 자신에 관한 실재에로 데려간다. 그러나 그것은 거기서 멈추지 않는다. 그것은 또한 우리를 인도하여 그 실재가 현실에서 작동하고 거기서 새로운 목적을 수행하는 하나님에 수반하는 실재라는 것을 겪게 한다. 서사는 우리에게 우리를 대신하여 수행된 또 다른 의를 말해준다. 그것은 그것을 우리에게 말해주는 것 그 이상의 것을 실행한다. 그것은 또한 우리가 서사에 참여해 감에 따라 새로운 의를 매개해 준다.

서사에 나타난 다윗의 변호는 애매하다. 사무엘상 29장에 나오는 아기스의 평결은 애매성이 확연하게 드러나는 우리의 상황을 보여주는 사례이다. 바른 평결이 아기스에 의해 주어지지만 그것은 잘못된 이유에서 (아기스의 잘못된 판단에 의하여) 내려진 것이다. (그래서) 아기스의 삼중적 무죄방면 이후에도 (독자로서는 결론을 수용하기가) 여전히 괴로운 양면성이 있다. 왜냐하면 그것은 거짓 자료를 기초로 잘못된 이유에서 내려진 무죄방면이기 때문이다....

우리의 삶이 그와 같다. 우리가 접근하는 평결은 일상적으로 애매하고 때로는 잘못된 이유에서 내려진다. 그러나 그러한 애매성 속에서 야웨의 탄력적인 신의가 내레이터에 의해서 가시화된다. 다윗 서사의 중심에 있는 것은 바로 이러한 야웨의 탄력적 신의이다. 이와 동일한 신의, 즉 애매성 속에서 애매성을 피해 역사하는 신의가 우리 삶의 서사의 중심 주제이다.

나(브루그만)의 논지는 바로 이것이다. 즉 (다윗에 관한) 서사를 다시 말함으로써 우리는 복음적인 설교의 주제와 중추를 회복하도록 도움을 받는다. 우리 설교의 많은 부분은 처칠의 푸딩과 같다. 즉 그것은 아무런 주제도 지니고 있지 않다. (영국 수상 처칠이 먹었다고 해서 그 푸딩이 다른 푸딩에 비하여 특별할 것은 없다는 뜻). 우리는 (우리 기독교 설교나 교리는) 개혁적인 '좋은 명분' 또는 경건한 낭만주의, 보수적 도덕주의로 축소된다. 이 모든 것은 우리가 살아가는 폭력, 가해, 증오, 애매성을 덮어 숨긴다.

나는 성경 본문과 현대 생활의 위기 사이를 쉽게 연결하고 싶지 않다. 나는 성경이 그렇게 직접적으로 기능한다고 믿지 않는다. 그러나 나는 교회가 설교의 그런 중추와 주제를 상실하는 것이 야만성을 위해 적합한 언어가 없는 우리에게 그 야만성에 대해 대대적으로 아마 결정적인 기여를 하도록 만든다고 강력하게 제안하고 싶다. 교회 생활에서 서사적 상상력의 포기는 우리에게 절망과 소진으로 끝나고 마는 불모의 도덕적 신학적 선택지를 남겨줄 뿐이다.

다윗 서사는 해석과 선포를 목적으로 할 때, 매우 다른 영역의 주제를 제시한다.

① 폭력과 복수의 (사회정치적인) 권력이 우리 가운데 있다.
② 도덕적 가능성은 커다란 위험을 무릅쓰고서야 가능할 수 있다.
③ 부재하는 분이 강력하게 현존하는 것은 이러한 (폭력과 도덕 사이의) 왕래 속에서이다.
④ 우리의 고착화되어 있는 파괴성을 제압하는 칭의와 평안은 피해갈 수 없는 주제이다.
⑤ 잘못된 이유로 내린 바른 평결을 성가시게 하는 애매성은 우리가 자주 경험하지만 그것은 주권자의 신의에 봉사하는 것이다.

해석과 선포의 목적에 맞는 이러한 주제들은 다음과 같은 소재들과 결정적으로 만나게 될 것이다. 우리의 보다 직접적인 지역적 문제들, 우리가 무시해버릴 수 있는 충성들, 우리와 유리되어 있는 언약들, 우리의 고귀하지만 형해화된 의도들, 우리의 권력 장악, 자신을 변호하는 우리의 끝없는 시도들.

이들 (성경의) 서사들은 인간의 수수께끼를 풀어주는 폐쇄적 단순 해결책을 하등 제공하지 않는다. 오히려 그것들은 신실하게 삶을 철저히 살아내는 데로 초대한다.

그러나 이러한 철저한 삶은 인격의 파토스, 권력의 야생성, 섭리의 은폐된 탄력성을 수렴할 때라야 가능하다. 이 세 가지가 없으면 우리의 삶은 어느 정도 기만적이다. 이 이야기들이 메말라가는 것, 안락해지는 것, 기만적인 것, 단조로운 것으로부터 우리의 신앙, 우리의 삶, 우리의 선포를 지켜준다.

시편 103편 9절, 13-17절은 하나님의 관대한 신의를 노래한다. 우리가 너무 많이 사랑하는 이 시편은 그러나 서사의 위험한 애매성의 한 가운데에 자리하고 있지 않으면 안 된다. 이 시편은 우리 신앙을 깨끗하게 하고 결연하게 만든다. 그것은 복잡하지 않은 야웨상을 제공한다 (여기에서 브루그만은 마치 시편은 서사적 모순이나 아이러니를 전혀 담지 않은 것처럼 이해한다. 시편과 내러티브의 수사적 기능을 너무 획일적으로 구분한다. 그러나 필자가 보기에 시편도 성경 내러티브와 동일하게 하나님 신앙의 대조-암시-모순의 차원을 담아내고 있다.)

그러나 서사는 우리에게 달리 말한다. (시편에서) 노를 끝없이 품지 않으시는 하나님이 (서사에서는) 우리 삶의 영역에서 파괴적인 분노를 허락한다. (시편에서) 우리가 티끌임을 기억하는 하나님이 (서사에서는) 때로는 냉정하고 무관심한 듯하다... 마침내 다윗은 야생적 서사와 확신의 시편 사이를 오가며 이스라엘 신앙의 송가를 구현하는 사람이다.... 교회는 서사보다 시편을 더 많이 선호한다. 나는 우리가 서사에 입문을 다시 해야 한다고 촉구하는 바이다. 왜냐하면 거기서만 (서사에서만) 우리는 밤을 위한 특별한 노래를 들려주고 듣고 신뢰할 수 있기 때문이다. 밤의 서사를 밤에 관한 것으로 유지시켜주는 것은 신뢰의 노래 때문이 아니다. 하지만 신뢰의 노래가 현존하는 데서 밤은 밤을 변혁시키는 것이 된다.

3) 브루그만의 서사적 실재론 비평

이런 이유로 브루그만의 실재론은 성경 말씀의 해석과 적용 과정이 영적 실재를 창조한다는 해석학적 실재론보다는 성경 말씀에 담긴 여러 등장인물들이 야웨 신앙으로 여러 사회정치적인 권력 갈등 속에서 대안 세계를 경험하도록 이끌었던 성경 내러티브의 재진술이 오늘날에도 동일한 대안 세계를 창조한다는 서사적 실재론에 가깝다고 평가할 수 있다. 서사적 실재론의 장점은 언어 활동의 상상력을 극대화하지만, 단점은 성경의 언어적 전환 이전에 선행하는 하나님의 (성육신) 역사적 개입이 오늘날 신자들의 믿음을 수단삼아서 동일한 역사 현실적 개입의 근거로 작용한다는 역사적 성육신의 선행성을 약화시킨다.

오늘날 신자들에게 성령 하나님의 감동으로 하나님의 성육신이 계속되는 근거는 (서사적 상상력과 같은) 언어적 수단보다 과거 역사적 성육신 사건이 선행하기 때문이다. 현대 교회의 설교와 교회 교육 현장에서 (성경이 증언하는) 역사적 성육신 사건과 서사적 상상력이 서로 분리돼서는 안 되겠지만 둘 중의 우선순위가 분명해야 한다. 서사적 상상력이 역사적 성육신 사건의 실재보다 앞서는 경우에, 그 신앙은 하나님 성육신의 역사적 사실을 무위화하는 가현설의 한계에 빠질 수 있다.

7. 다윗 내러티브의 신학적 의미와 원리화

1) 다윗 내러티브와 시편의 신학적인 연관성

다윗은 여호와 하나님이 우주적인 법정에서 언약 백성들을 그 분의 자비와 공의로 통치하심을 분명하게 확신하였다. 아무리 주변의 악한 권세들이 그를 압제하더라도 주님은 다윗의 억울함을 변호하시고 그 보좌로부터 항상 의롭게 심판하실 것을 확신하였다. 저작권을 다윗에게 돌리는 시편 9편은 다윗이 사울에게 쫓겨 고난을 당하던 당시의 상황 속에서 우주적 재판관이신 여호와 하나님에 대한 공의로운 통치를 간절히 기대했을 다윗의 간청을 그대로 보여준다. "내가 주를 기뻐하고 즐거워하며 지존하신 주의 이름을 찬송하리니 내 원수들이 물러갈 때에 주 앞에서 넘어져 망함이니이다 주께서 나의 의와 송사를 변호하셨으며 보좌에 앉으사 의롭게 심판하셨나이다"(시 9:2-4).

시편 10편 역시 다윗이 사울왕의 칼을 피하여 도망치던 역사적인 정황과 직접 연결할 수 있는 문자적인 증거는 없는 것처럼 보이지만, 다윗과 사울의 갈등을 우주적인 언약 법정에서 하나님의 공의로운 통치와 판결을 따르는 다윗의 증언과 다윗의 증언을 시험하는 반대 심문으로서의 사울의 핍박에 대한 다윗의 탄원의 목소리가 그대로 메아리치고 있음을 발견할 수 있다.

[1] 여호와여 어찌하여 멀리 서시며 어찌하여 환난 때에 숨으시나이까 [2] 악한 자가 교만하여 가련한 자를 심히 압박하오니 그들이 자기가 베푼 꾀에 빠지게 하소서 [3] 악인은 그의 마음의 욕심을 자랑하며 탐욕을 부리는 자는 여호와를 배반하여 멸시하나이다 [4] 악인은 그의 교만한 얼굴로 말하기를 여호와께서 이를 감찰하지 아니하신다 하며 그의 모든 사상에 하나님이 없다 하나이다 [5] 그의 길은 언제든지 견고하고 주의 심판은 높아서 그에게 미치지 못하오니 그는 그의 모든 대적들을 멸시하며 [6] 그의 마음에 이르기를 나는 흔들리지 아니하며 대대로 환난을 당하지 아니하리라 하나이다 [7] 그의 입에는 저주와 거짓과 포악이 충만하며 그의 혀 밑에는 잔해와 죄악이 있나이다 [8] 그가 마을 구석진 곳에 앉으며 그 은밀한 곳에서 무죄한 자를 죽이며 그의 눈은 가련한 자를 엿보나이다 [9] 사자가 자기의 굴에 엎드림 같이 그가 은밀한 곳에 엎드려 가련한 자를 잡으려고 기다리며 자기 그물을 끌어당겨 가련한 자를 잡나이다 [10] 그가 구푸려 엎드리니 그의 포악으로 말미암아 가련한 자들이 넘어지나이다 [11] 그가 그의 마음에 이르기를 하나님이 잊으셨고 그의 얼굴을 가리셨으니 영원히 보지 아니하시리라 하나이다 [12] 여호와여 일어나옵소서 하나님이여 손을 드옵소서 가난한 자들을 잊지 마옵소서 [13] 어찌하여 악인이 하나님을 멸시하여 그의 마음에 이르기를 주는 감찰하지 아니하리라 하나이까 [14] 주께서는 보셨나이다 주는 재앙과 원한을 감찰하시고 주의 손으로 갚으려 하시오니 외로운 자가 주를 의지하나이다 주는 벌써부터 고아를 도우시는 이시니이다 [15] 악인의 팔을 꺾으소서 악

한 자의 악을 더 이상 찾아낼 수 없을 때까지 찾으소서 [16] 여호와께서는 영원무궁하도록 왕이시니 이방 나라들이 주의 땅에서 멸망하였나이다 [17] 여호와여 주는 겸손한 자의 소원을 들으셨사오니 그들의 마음을 준비하시며 귀를 기울여 들으시고 [18] 고아와 압제 당하는 자를 위하여 심판하사 세상에 속한 자가 다시는 위협하지 못하게 하시리이다

시편 저자는 1절에서 우주적인 언약 법정의 재판관의 공정한 판결을 요청한다: “여호와여 어찌하여 멀리 서시며 어찌하여 환난 때에 숨으시나이까”. 시편 저자가 여호와 하나님께 공정한 판결을 요청하는 배경은 통치의 보좌에 좌정하신 하나님의 통치와 판결이 잘 보이지 않기 때문이다. “악한 자가 교만하여 가련한 자를 심히 압박하며”(2절), “악인은 그의 교만한 얼굴로 말하기를 여호와께서 이를 감찰하지 아니하신다 하며 그의 모든 사상에 하나님이 없다”고 패역을 일삼고 있다. 이렇게 절망적인 상황은 11절까지 계속 이어진다. 악인은 “그의 마음에 이르기를 하나님이 잊으셨고 그의 얼굴을 가리셨으니 영원히 보지 아니하시리라”고 패역함과 자만을 계속 고집하고 있다.

시편 저자는 하나님의 언약 법정에서 불공정함이 하늘 보좌를 뒤흔드는 상황에서 재판관이신 하나님의 공의로운 통치와 판결을 3중의 호소로 간청하고 있다. “여호와여 일어나옵소서 하나님이여 손을 드옵소서 가난한 자들을 잊지 마옵소서.” 불의와 고난의 한복판에도 불구하고 시인이 인내 중에 여호와 하나님을 향한 신뢰를 포기할 수

없는 이유가 있다. 그것은 우주적인 언약 법정의 재판관이신 여호와 하나님께서는 하늘 보좌와 땅의 발등상 사이에서 일어나고 있는 모든 악인들의 패역함과 의인들의 신실함을 두루 지켜보시고 감찰하신다는 확신 때문이다. "주께서는 보셨나이다 주는 재앙과 원한을 감찰하시고 주의 손으로 갚으려 하시오니 외로운 자가 주를 의지하나이다 주는 벌써부터 고아를 도우시는 이시니이다"(14절).

"여호와께서는 영원무궁하도록 왕이시니"(16절), 여호와 하나님은 영원무궁하도록 우주적인 언약 법정의 재판관이시므로 아무리 더뎌 보일지라도 신속하게 그 분의 공의를 실행하실 것이다. "고아와 압제 당하는 자를 위하여 심판하사 세상에 속한 자가 다시는 위협하지 못하게 하시리이다"(18절).

2) 다윗 내러티브의 신학적인 의미

(1) 그리스도와 교회의 고난에 관한 예표

성주진 교수는 사무엘상 16장 이하에 펼쳐지는 사울과 다윗의 이야기는 다윗의 흥기(興起)에 초점이 맞춰져 있지만, 다윗의 부상은 값비싼 댓가를 치러야 했다고 하면서 사무엘상의 중요한 신학적 주제와 적용점 중의 하나로 도망자 다윗은 의인의 고난을 암시하는 것으로 해석하였다. "사울의 시기를 산 다윗은 기름 부어 택함 받은 왕임에도 불구하고 도망자 신세가 되어 죄 없이 온갖 고초를 겪는다. 그리고 많은 고난을 통과한 후에야 유다와 이스라엘의 왕으로 등극하여 믿음의 승리를 증명해 보인다. 고난을 통한 영광의 길은 복음서에 나타난 그의 후손이자 만왕의 왕이신 의인 예수가 밟아야 할 길이기도 하다.... '그리스도인은 영광의 때를 기다리며, 그리스도와 함께 영광을 받기 위하여 고난도 함께 받아야 한다'(롬 8:17). 애매히 고난을 받아도 하나님을 생각함으로 참는 것은 하나님의 은혜이다"(벧전 2:19)."[44]

필자는 지금까지 고찰한 다윗 내러티브와 시편에 근거하여 다윗 내러티브에 관한 다음과 같은 신학적인 의미의 원리화(또는 교리화)를 제안한다.

① 삼위 하나님은 그 분의 자비와 공의를 따라 그 나라 백성들(구약의 이스라엘, 신약의 교회 신자들)과 영원한 언약을 맺으셨다.

② 성부 하나님은 그리스도의 (미래) 희생을 담보로 신자에게 영생의 복을 베푸신다. 사망과 생명의 첫 번째 (언약 법률적) 맞바꿈이 일어난다. 삼위 하나님께서 (자기 백성을 위하여) 그 분의 절대적인 능력과 주권을 따라서 예수 그리스도의 십자가 희생제물을 담보로 자기

◇

44 성주진, "사무엘상의 구조와 신학적 주제," 목회와 신학 편집부 『사무엘상, 어떻게 설교할 것인가』 (서울: 두란노아카데미, 2009), 35.

자녀들을 향한 영생의 언약을 실행하신다. 이 과정에서 자기 백성들을 죄와 사탄의 권세로부터 구속하시며, 이들을 억압하는 사탄 마귀의 권세를 무너뜨리신다. 이는 신자 바깥에서(*extra nos*) 신자를 위하여(pro nobis) 삼위 하나님께서 절대 주권적으로 진행하시는 맞바꿈이다.

③ 사탄 마귀는 신자가 누리는 영생의 복이 부당하다고 참소하고 하나님과 신자 사이를 훼방한다.

④ 하나님은 고난을 통하여 신자의 믿음을 훈련하시고 연단하신다. 이 과정에서 사망과 생명의 두 번째 맞바꿈이 진행된다. 신자가 그리스도처럼 십자가 고난과 희생을 감당함으로 당장 하나님의 영광이 나타나며 주변 신자들이 생명의 유익을 얻으며, 미래 (신자) 당사자가 더욱 거룩한 영향력을 예비할 수 있다.

⑤ 신자는 사망이 왕노릇하는 것처럼 보이는 이 세상 속에서 때로는 사탄 마귀의 권세 때문에 죄의 유혹에 빠지거나 잠시 불순종의 길을 걷는다. 하나님의 은총이 전혀 보이지 않는 고난의 세월 중에 말씀과 성령의 감동으로 인내하며 신앙을 지킨다. 이는 신자가 말씀과성령의 감동으로 하나님의 영광을 위하여(soli Doe gloria) 신자 안에서(*intra nos*) 진행하는 두 번째 사망과 생명의 맞바꿈이다.

⑥ 고난 중에 신자는 하나님의 신실하신 언약을 기억하며 생명을 얻도록 사망의 저주와 희생제물을 감당해야 한다. 그 고통 중에 늘 주님의 구원을 신뢰하며 간청해야 한다. 그럴 때 하나님의 선하신 때가 되었을 때, 주님은 반드시 자기 백성들을 구원하신다.

⑦ 하나님의 공평하신 통치와 은혜는 영원토록 변함이 없다.

(2) 다윗의 왕권에 관한 대적자들의 반대심문 과정

다윗 내러티브는 다윗이 골리앗을 무찌른 이후 즉시로 사울왕을 대체하는 이스라엘의 참다운 통치자로 등극식을 거행하는 해피앤딩으로 마무리하지 않는다. 오히려 매우 지루할 정도로 사울왕과의 갈등이 (그의 죽음 이후에도 한동안) 지속되는 모습을 보여준다. 다윗 내러티브의 상당 부분이 사무엘하 5-6장에서 다윗 주도로 법궤의 예루살렘 안착과 사무엘하 7장의 다윗언약의 채결까지 오랫동안 지체되는 배경에는, (우주적인 언약 법정에서) 다윗 왕권에 대항하여 지상에서는 다윗 반대편으로부터의 반대 심문(counter examination)과 천상에서는 흑암의 세력으로부터의 충분한 반대 심문을 완벽하게 만족시키는 과정을 거치는 하나님의 절대적인 공의의 만족 때문으로 이해할 수 있다.

다윗 왕권을 승인하는 과정에서 공의의 하나님은 3중의 반대편(사울왕, 블레셋의 아기스 왕, 죽은 사울왕의 최측근 신하들)에 대한 반대-심문 과정을 거쳐 그들의 입에서 흘러나오는 충분한 반대-증언의 목소리가 하나님의 수직적인 공의에 완벽하게 순응하기까지 다윗 왕권을 향한 하나님의 섭리는 한 치의 불만이나 오차가 없이 흘러가고 있다.

앞서 확인한 바와 같이, 브루그만은 이 내러티브(삼상27-29)를 사울로부터의 (2차례) 무죄방면과 사울의 신하들로부터의 무죄방면에 이은 아기스 왕으로부터의 무죄방면까지 3중의 무죄방면을 통하여, 시므이의 저주에서 암시된 바와 같이 다윗의 왕권 이양에 관한 세간의 또는 베냐민 지파의 부정적인 여론을 결정적으로 잠재우려는 내레이터의 의도가 들어 있다고 보았다.

하지만 필자는 (우주적인 언약 법정의 프레임을 암시하는) 이스라엘 광야에서 다윗은 여호와 하나님이 그의 말씀으로 자기 백성들을 통치하시고 순종 / 불순종에 따른 축복 / 저주를 판결하시는 법정적인 판결의 관점으로 다윗 내러티브를 해석하고자 한다. 언약법에 대한 여호와 하나님의 법정적인 판결의 관점에서 삼상 13장~15장은 사울왕의 불순종에 따른 하나님의 폐위 결정을 독자들에게 소개한다. 이어서 16장은 두 에피소드를 통하여 사울왕을 대신하는 다윗에 대한 하나님의 기름부음(수직적인 승인, Top-down)과 다윗이 수금연주로 사울왕의 악령을 퇴치하며 백성들로부터 존경을 얻는 수평적인 승인(Bottom-up)을 소개한다.

이어서 삼상 17장에서 다윗이 골리앗의 갑작스런 법정 난입에 대하여 예전에 아버지의 양떼를 해치려던 사자와 곰 같은 사나운 들짐승들을 하나님의 언약 보증을 훼손하려는 악한 권세에 대한 중보적 책임감과 충성의 마음으로 물리쳤던 선례에 대한 동일한 법정적 분별력을 발휘하여 골리앗을 물리침으로 다윗이야말로 진정 하나님 나라의 중보직을 제대로 감당할 하나님의 사람임을 증명하였다.

"사울이 천천이라면 다윗은 만만이로다"는 일반 백성들의 다윗을 향한 전폭적인 지지와 아울러 요나단이 자신의 모든 군복이나 칼과 같은 군장비가 상징하는 왕권을 다윗에게 양도했음을 고려할 때, 곧장 다윗이 이스라엘의 진정한 왕으로 등극하는 대관식을 거행하는 것이 자연스러워 보인다. 사울왕도 하나님의 촛대가 이미 자신에게서 다윗에게로 옮겨갔음을 인정하고 자신의 모든 가시적이고 군사적 및 행정적 권세를 다윗에게 양도하는 것이 자연스러워 보인다. 이 세상이 그렇게 쉽게 돌아간다면, 밤부터 소쩍새가 그렇게 울 필요도 없을 것이고 우리 주님이 굳이 십자가를 짊어지실 필요도 없이 적당히 미리 말로 타이르고 권면하는 것으로 충분할 것이다. 사울왕이 사무엘 선지자의 간곡한 부탁을 외면했을 때라도, 굳이 그토록 "하나님께서 사울을 왕으로 세운 것을 후회"(삼상 15:11a)하실 필요도 없었을 것이고, "사무엘이 근심하여 온 밤을 여호와께 부르짖을"(삼상 15:11b) 필요도 없었을 것이다. 사무엘 선지자가 사울에게 다음과 같이 최후통첩을 날린 것도, 지나치게 성급한 혈기를 억제하지 못한 사무엘 선지자의 순간적 혈기에 불과한 것인 셈이다:"나는 왕과 함께 돌아가지 아니하리니 이는 왕이 여호와의 말씀을 버렸으므로 여호와께서 왕을 버려 이스라엘 왕이 되지 못하게 하셨음이니이다"(삼상 15:26).

사울의 범죄가 왕권 폐위를 향한 돌이킬 수 없는 반환점을 이미 넘어버린 것과 전혀 대조적으로, 다윗의 수직적인 (기름부음의) 승인은, 아버지의 양떼를 훼손하려는 사자와 곰에 대한 (중보자의 법률적 분별력에 따른) 격퇴와 골리앗의 격퇴를 통한 백성들의 수평적인 동의에도 불구하고 양쪽이 끝장을 보기까지 지루할 정도로 최종적 승인이 유보되고 있다. 다윗 왕권을 향한 하나님의 거시적이면서도 은밀한 섭리를 정반합의 구조로 평가하자면, 다윗 왕권에 대한 백성들의 승인은 다윗 왕권에 대한 정-증언이라면, 다윗의 대적자로 등장하는 사울왕의 증언은 반-증언이다. 공의의 하나님은 우주적인 언약 법정에서 정-증언 뿐만 아니라 반-증언까지도 받아내신다. 하나님은 우주적인 법정에서 다윗이 이스라엘의 왕권에 대한 중보직을 가장 충성스럽게 감당했다는 법률적인 판결을 이끌어 내신다. 그러나 그러한 하나님의 주권적인 판결이 일방적이고 수직적인 방식으로 진행되지 않고, 오히려 하나님의 주권적인 통치를 거부하고 대적하는 대적자까지라도 하나님의 통치를 인정하고 수긍할 수 밖에 없도록 하는 반-증언을 받아내신다. 하나님 편에 선한 증인들로부터의 정-증언 뿐만 아니라 하나님을 대항하는 악한 증인편에서의 반-증언까지 하나님의 통치에 100% 불만을 품지 않고 철저하게 동의할 수 밖에 없는 판결을 이끌어 내신다. 여호와 하나님은 우주적인 언약 법정에서 정-증언과 반-증언을 통합하는 합-증언을 통하여 우주적인 법정에서 최고의 존귀와 영광을 얻으신다.

한편 사무엘상 26장에서 다윗은 거듭 사울왕의 목숨을 살려줌으로써 사울왕으로부터 다음과 같은 축복의 메시지를 받아냈다: "내 아들 다윗아 네게 복이 있을지로다 네가 큰 일을 행하겠고 반드시 승리를 얻으리라"(삼상 26:25a). 이렇게 사울왕이 자신의 잘못을 철저하게 회개하고 다윗을 축복해 주었다면, 이어지는 장면은 다음과 같을 것이다: '사울왕이 자신의 사위 다윗의 손을 잡고 궁으로 편안히 돌아가니라.' 하지만 사울왕이 다윗을 축복한 직후에 내레이터는 다음과 같이 아이러니한 장면으로 마무리짓고 있다: "다윗은 자기 길로 가고 사울은 자기 곳으로 돌아가니라"(삼상 26:25b).

뒤이어 사무엘상 27장 1절은 이렇다. "다윗이 그 마음에 생각하기를 내가 후일에는 사울의 손에 붙잡히리니 블레셋 사람들의 땅으로 피하여 들어가는 것이 좋으리로다 (그러면) 사울이 이스라엘 온 영토 내에서 다시 나를 찾다가 단념하리니 내가 그의 손에서 벗어나리라" 앞에서 다윗은 분명 사울왕이 눈물을 흘리며 자신의 잘못을 반성하고 회개한 다음, 자신에게 복을 빌어주는 간절한 음성을 똑똑히 들었다. 하지만 사울왕의 뒤이은 처신은 다윗에게 축복에 대한 분명한 확신을 심어주지 못했다. 기대가 높으면 뒤따르는 실망도 깊을 수 밖에 없다.

더 이상 이스라엘에 남아 있다가는 언젠가는 반드시 사울왕에게 붙잡히겠다는 절망 속에서 아기스왕에게로 정치적인 망명을 감행하고 말았다. 이 날 다윗의 정치적 망명을 후대 독자들은 어떻게 받아들

여야 할까? 나중에 아기스왕이 이스라엘과 전쟁할 때 다윗은 블레셋 편에 합세하여 이스라엘을 대적하는 전쟁에 참전할 수 밖에 없는 위기 상황이 발생하였다. 인과율의 관점에서 해석하자면 이러한 외통수 결과는 다윗이 정치적 망명이라는 씨앗을 심었기 때문에 열매로 나타난 것처럼 보인다.

만일 다윗의 정치적 망명을 불의에 대한 타협으로 해석한다면 아기스 왕을 동조한 다윗의 처신은 사탄 마귀의 세력과 동조한 것처럼 보일 것이다. 그렇게 해석한다면 본문의 영적 교훈은 '불의에 대한 타협은 반드시 징계가 뒤따른다'는 식상한 도덕적 교훈 정도가 될 것이다. 그러나 다윗을 향한 하나님의 섭리가 그렇게 단순하지도 않으며, 다윗과 그의 대적자들 사이에 일어난 사건 계시를 내러티브로 기록하도록 한 성령 하나님의 기록 의도도 그렇게 단순하지 않다.

우주적인 언약 법정인 이 세상 속에서 은밀한 섭리를 통하여 사울왕을 다윗이 머물던 굴로 두 차례 인도하여 그로부터 반-증언을 얻어내셨던 여호와 하나님께서 다윗으로 하여금 아기스왕과 블레셋의 방백들을 만나도록 섭리하시는 숨은 의도가 있어 보인다. 무한히 공의로운 하나님의 우주적인 언약 법정 안에서 다윗 왕권을 승인해야 할 '대적자'의 반대 증언이 필요하다. 사울왕 혼자만의 두차례 반복적인 반대-심문을 거친 반대 증언만으로는 침소하는 자'(사탄)가 이는 이스라엘 내부의 증언에 불과하다고 그 증언의 공정성과 객관성을 조롱할 수 있다. 하나님의 공의로운 최후 판결을 위해서는 이스라엘 내부의 반대-증언 뿐만 아니라 이스라엘 외부의 반대-증언까지 동원되어야 한다.

내러티브 표층에서는 다윗이 피치 못할 사정으로 이스라엘을 떠나지만, 계속 이어지는 내러티브 흐름은 결국 다윗이 아기스왕의 방백들로부터 '사울은 천천이요 다윗은 만만'이로다는(삼상 29:5) 이스라엘 백성들의 다윗 왕권 승인을 그대로 인정함으로 이스라엘 외부의 반대-증언의 필요를 완벽하게 충족하는 모습을 보여준다.

그래서 다윗의 드라마틱한 반전의 방면의 원인 제공자는 브루그만이 보기에 '아기스 왕의 잘못된 판단' 때문이지만 (다윗의 정체가 이스라엘과 전쟁을 앞둔 블레셋 사람들에게 실제 유익을 주겠는가 말겠는가에 관한) 법률적인 분별력의 관점에서 보자면, 다윗은 사울왕이 블레셋에게 위협이 되는 것보다 최소한 10배로 위협이 된다는 이스라엘 백성들의 판단을 정확한 판단으로 인정한 블레셋 방백들의 정확한 판단에 따른 반대 증언 때문이다: "아기스가 다윗에게 대답하여 이르되 네가 내 목전에 하나님의 전령 같이 선한 것을 내가 아나, 블레셋 사람들의 방백들은 말하기를 그가 우리와 함께 전장에 올라가지 못하리라 하니 그런즉 너는 너와 함께 온 네 주의 신하들과 더불어 새벽에 일어나라 너희는 새벽에 일어나서 밝거든 곧 떠나라 하니라"(삼상 29:9-10).

아기스가 다윗에게 마지막 결정을 내릴 때, 다윗에 대한 아기스의 평가와 블레셋 방백들의 평가가 역접 논리로 대조되고 있다. 아기스는 다윗이 아기스 휘하에서 네게브 지역을 침노하여 이스라엘에게 영원토록 미움을 받아서 끝까지 자기 밑에 남아 있으리라고 오판을 하면서 다윗의 심중 정체를 정확하게 파악하는데 실패하는 모습을 보여준다. 하지만 내레이터는 아기스의 무지와 블레셋 방백들의 정확한 평가를 대조시키면서, 하나님의 우주적인 법정에서 선포되는 이스라엘 대적자들의 반대-증언이 이스라엘 내부의 증언과 공의로운 균형을 이루고 있다. 그 반대 증언의 핵심은 다윗은 이스라엘 대적자들이 어떻게 보더라도 "네가 내 목전에서 하나님의 전령 같이 선한 것을 실행했고" 또 "블레셋 방백들도 인정하기를 다윗은 절대로 이스라엘의 대적자들과 함께 전장에 올라갈 수 없는 하나님의 사람"이라는 것이다. 그래서 다윗에 대한 아기스의 역접처럼 보이는 평가는 순접논리의 평가로 읽는 것이 다윗에 대한 이스라엘 내부의 증언과 이스라엘 외부의 증언을 통합하는데 더욱 효과적인 독법을 제공하는 것 같다.

이렇게 다윗에 대한 이스라엘 내부의 왕권 승인 평가와 아울러 이스라엘 외부로부터의 왕권 승인 평가를 부각시키는 아기스로부터의 방면 내러티브는, 사울왕에 대한 이스라엘 외부의 평가와 극단의 대조를 보여준다. 이를 위하여 내레이터는 다윗이 이스라엘 외부로부터 왕권 승인의 평가를 얻어내는 과정을 보여주는 내러티브 속에 절묘한 방식으로 사울왕이 죽은 사무엘의 영이라고 착각하는 귀신으로부터 하나님의 심판과 저주에 관한 최후 판결을 듣는 에피소드를 포함시켰다. 이를 통해서 두 인물에 대한 이스라엘 외부의 수평적인 평가의 극단적인 모습을 대조시킨다. 다윗 왕권의 승인은 이스라엘을 대적하되 가장 격렬하게 살아서 전쟁을 준비하는 블레셋 방백들로부터 주어진다면, 사울 왕권의 폐위는 이 세상에서 전혀 눈에 보이지 않는 영적 전쟁을 은밀하게 주도하려는 악령으로부터 주어진다.

둘 다 하나님의 임재를 살아 생생한 삶으로 반응하는 이스라엘 백성들 바깥으로부터 쉽게 이해할 수 없는 방식으로 주어진다. 하지만 그토록 은밀한 반대-증언이라도 다윗은 이스라엘 반대편에서 살아 있는 음성으로 주어진다면, 사울은 이스라엘 반대편에서 침묵하는 것처럼 보이는 악령의 음성으로 주어진다. 다윗에게는 이스라엘 내부의 승인과 아울러 이스라엘 외부의 이방인들로부터 주어지는 승인이 이 세상에서 다윗이 얻을 수 있는 최고의 승인이라면, 이와 대조적으로 사울은 이스라엘 내부든 외부든 살아 있는 사람에게서는 더 이상 사울왕권의 지속에 관한 신뢰할만한 추천의 목소리를 더 이상 얻을 수 없다. 그래서 사울왕은 “고양이 손이라도 찾는 간절한 심정으로” 무당을 통해서라도 죽은 사무엘 선지자의 목소리에서라도 자신의 왕권을 인정해 주는 일말의 희망을 찾아보려고 했다. 이 얼마나 비천한 모습인가? 사울은 이 세상에서 그토록 자신을 인정해주는, 자신의 왕권을 인정해 주는 단 한 사람의 살아 있는 음성을 구할 수 없었단 말인가? 하지만 사울은 귀신을 찾아서라도 자신을 인정해 주기를 간절히 바랬지만, 이미 오래전에 하나님이 정하신 폐위 결정은 그 무엇으로도 바꿀 수 없었다.

이제 (하나님의 우주적인 법정에서 하나님의 율법을 중보하는 책임을 목숨 바쳐가면서까지 제대로 감당한) 다윗과 (하나님의 율법을 허무는 범죄를 목숨 바쳐 가면서까지 감행했던) 사울 각자에게 주어질 모든 증언과 반대-증언이 모두 천명되었다. 이제 남은 일이 있다면 우주적인 재판관 하나님의 최종 판결에 따른 가시적인 성취만 남았다.

제6장

다윗 내러티브와 그리스도 중심설교

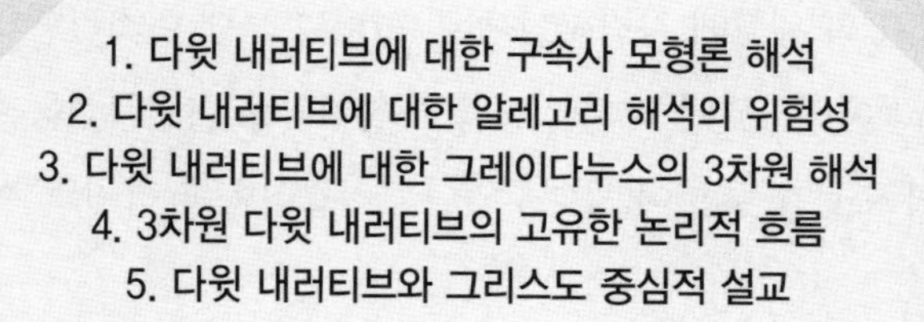

1. 다윗 내러티브에 대한 구속사 모형론 해석
2. 다윗 내러티브에 대한 알레고리 해석의 위험성
3. 다윗 내러티브에 대한 그레이다누스의 3차원 해석
4. 3차원 다윗 내러티브의 고유한 논리적 흐름
5. 다윗 내러티브와 그리스도 중심적 설교

1. 다윗 내러티브에 대한 구속사 모형론 해석

성경 전체를 하나님의 거시적인 구속 역사 진행의 관점으로 해석하는 구속사 해석은, 다윗과 예수 그리스도의 연관성을 모형의 예고와 원형의 성취 관계로 해석한다. 구약과 신약의 연관성에 관한 모형론 해석의 성경신학적 근거는 여러 성경 구절들을 통하여 거듭 확인된다. "보라 때가 이르리니 내가 다윗에게 한 의로운 가지를 일으킬 것이라 그가 왕이 되어 지혜롭게 다스리며 세상에서 정의와 공의를 행할 것이며 그의 날에 유다는 구원을 받겠고 이스라엘은 평안히 살 것이며 그의 이름은 여호와 우리의 공의라 일컬음을 받으리라(렘 23:5-6).

복음서의 저자 마태는 성부 하나님의 독생자 예수 그리스도가 어느 날 갑자기 이 세상에 강림하신 것이 아니라 오랜 이스라엘의 역사 속에서 미리 예언되었던 약속의 말씀의 성취자로 강림하셨음을 마태복음 1장의 족보를 통하여 보여주었다. "아브라함과 다윗의 자손 예수 그리스도의 계보라"(마 1:1) 예수 그리스도의 족보는 아브라함과 다윗에게로 거슬러 올라갈 수 있다는 것이다. 요한계시록도 다윗과 그리스도와의 연관성을 다음과 같이 최종적으로 확증한다: "나 예수는 교회들을 위하여 내 사자를 보내어 이것들을 너희에게 증언하게 하였노라 나는 다윗의 뿌리요 자손이니 곧 광명한 새벽별이라"(계 22:16).

칼빈의 개혁주의 신학을 이어받은 조나단 에드워즈의 성경 해석과 설교를 깊이 연구한 더글러스 A. 스위니(Douglas A. Sweeney)에 의하면, 조나단 에드워즈는 성경 전체를 기독론적 모형론(christological typology)의 관점에서 해석하였다.[45] 다윗 내러티브에 대한 기독론적 모형론을 적용했던 조나단 에드워즈에 의하면, 구약 성경에는 그리스도의 구속에 관한 모형들로 가득차 있다. "구약의 상태는 모형적 상태였다. 고대 히브리 역사의 세계는 말 그대로 모형적 세계였다."[46]

시드니 그레이다누스(Sidney Greidanus)에 의하면 구약과 신약 전체를 점진적인 구속 역사의 진행 과정으로 해석한다. "점진적인 구속사의 길은 모든 구약 본문과 하나님의 역동적인 역사적 맥락 안에서 그 본문이 말하는 바를 보는 것으로, 그것은 꾸준히 진행하고 예수 그릿

◇

45 Douglas A. Sweeney, *Edwards the Exegete: Biblical Interpretation and Anglo-Protestant Culture on the Edge of the Enlightenment*, 한동수 역, 『조나단 에드워즈의 성경 주해』 (서울: CLC, 2020), 10, 117, 158, 165, 324.

46 Jonathan Edwards, "Blank Bible," *The Works of Jonathan Edwards*, 24:512-13; Edwards, "Types," *WJE,* 11:146; Edwards, "Types of the Messiah," *WJE*, 11:217; Cf., Douglas A. Sweeney, 『조나단 에드워즈의 성경 주해』 118.

도의 삶과 죽으심, 그리고 부활에서 그 정점에 이르고 궁극적으로는 새 창조에 도달한다."[47] 그레이다누스는 점진적인 구속사를 "창조와 이스라엘-예수 그리스도와 교회-새창조의 완성"으로 이어지는 하나님의 점진적인 구속 행위로 압축하였다.[48]

[47] Sidney Greidanus, *Preaching Christ from the Old Testament,* 김진섭,류호영,류호준 역, 『구약의 그리스도, 어떻게 설교할 것인가』 (서울: 이레서원, 2019), 348.

[48] Sidney Greidanus, 『구약의 그리스도, 어떻게 설교할 것인가』, 349.

2. 다윗 내러티브에 대한 알레고리 해석의 위험성

다윗이 그리스도를 예표한다면 구체적으로 다윗이 골리앗을 무너뜨리는 장면 중에 어느 순간이 (사무엘상 18장의 어느 구절이) 그리스도의 십자가 희생제사를 상징하는가? 그리스도께서 "십자가로 그들을 이기셨느니라"(골 2:15b)고 콕 집어서 해석할 수 있는 성경 구절은 어느 구절일까?

다윗 내러티브에서 가장 유명한 장면은 다윗과 골리앗의 전투 장면일 것이다. 다윗과 그리스도와의 구속사 모형론 연관성을 결정하기 전에 먼저 골리앗의 상징적인 의미부터 찾아보자. 전통적으로 골리앗은 사탄 마귀의 권세를 상징하는 것으로 해석해왔다. 아더 핑크에 의하면, "골리앗은 우리에게 여호와의 이름을 지닌 자들을 위협하고 사로잡으려 하는 하나님과 인간의 대적인 마귀의 모습을 보여 준다. 그의 거대한 몸집 - 아마 3m쯤 되었을 것이다 - 은 사탄의 큰 능력을 상징한다. 그가 착용한 군장은 우리가 혈과 육의 자원으로는 사탄을 정복할수 없음을 예시한다. 그의 떠들썩한 도전은 우리의 대적인 사자가 '삼킬 자를 찾으며'(벧전 5:8) 포효하는 모습을 예시한다."[49]

구약 성경 전체에 대한 기독론적 모형론을 적용했던 조나단 에드워즈는 다윗이 골리앗을 대적하러 나아가기 직전 엘라 시냇가에서 집

◇

49 Arther W. Pink, 『다윗의 생애』, 61.

어 들었던 다섯 개의 물맷돌을 사탄 마귀의 권세를 대적하는 신령한 무기, 곧 하나님의 말씀을 상징하는 것으로 해석하였다. "엘라 시내와 다윗이 주워 든 돌들은 필시 어떤 것의 모형이었다. 엘라 시내는 하나님의 영의 모형으로 보인다... 다윗이 시내에서 선택한 돌들은 하나님의 영에서 나오는 무기 곧 하나님의 말씀 또는 그 말씀의 구절들을 나타내는 것으로 보인다. 참 다윗이신 그리스도는, 광야에서 유혹 받으신 이야기에서 보듯이 그 무기들을 가지고 영적 골리앗인 사탄과 싸우셨다. 다윗이 각기 다른 매끄러운 돌들을 택했듯이 그리스도인들은 성경에서 각기 다른 적절한 구절들을 찾아 그것으로 모든 유혹에서 사탄을 대항해 모든 영적 원수를 대항해 견디고 싸운다."[50]

구약 내러티브에 대한 모형론 해석이 지나치게 세부적인 요소들로부터 영적인 의미나 교훈을 이끌어내려고 할 때 자칫 정당한 모형론 해석의 한계를 넘어갈 수 있다. 아브라함 쿠루빌라는 이러한 문제점을 가리켜서 세분화(atomization)라고 한다. "이들은 성경 본문의 모든 조각에서 현대적 적용점을 찾아내려 한다... 그러다 보면 어느 정도 성경 본문의 세부사항들은 잘 파고들어 가는 것처럼 보이지만, 문제는 저자와 본문이 궁극적으로 말하려는 핵심 주제에는 충분한 관심을 쏟지 못한다는 것이다."[51]

◇

50 Jonathan Edwards, "Blank Bible," *WJE*, 24:355-56; Cf., Douglas A. Sweeney,『조나단 에드워즈의 성경 주해』118.

한편 박윤선 박사는 다윗이 사용한 매끄러운 돌에 관한 어떤 해석을 소개한 다음에 "이런 해석은 자연스럽지 않다"고 비평하였다. "이때 다윗이 사용한 매끄러운 돌은 시내에서 골라 잡은 것인만큼 흐르는 물에서 만들어진 것이었다. 여기 시내의 물은 성령을 비유하고, 거기서 이루어진 매끄러운 돌은 산 돌들 곧 신자들을 비유하는데, 이것은 영원히 있을 교회를 이루는 재료로서 무너진 바벨탑의 재료였던 벽돌과 반대된다. Numerical Bible, Loizeux Brotbers, 1932:356"[52]

이어서 박윤선 박사는 "다윗이 물매와 돌로 골리앗을 거꾸러뜨린 것은 단 2:34-35의 말씀을 생각하게 한다"고 하였다: "사람의 손으로 제작되지 않은 뜨인 돌이 큰 신상을 쳐서 부수어 뜨리자 그 돌들이 결국 태산을 이루어 온 세상에 가득하였다는 말씀이다. 여기서 돌의 승리는 그리스도의 승리를 상징한다. 그리스도의 역사는 반석과 같고(고전 10:4), 또 산 돌과 같다(벧전 2:4)고 할 수 있으며, 특별히 원수를 부서뜨리는 돌과 같다(마 21:44b)."[53] 박윤선 박사는 다윗 내러티브에 대한 전통적인 모형론 해석을 지지하면서도 동시에 과도한 알레고리 해석을 충분히 경계하였다.

51 Abraham Kuruvilla, *Privilege the Text; A Theological Hermeneutics for Preaching,* 이승진 역 『본문의 특권: 설교를 위한 신학적 해석학』 (서울: CLC, 2023), 41.

52 박윤선, 『사무엘서, 열왕기, 역대기 주석』 (서울: 영음사, 2010), 122.

53 박윤선, 『사무엘서, 열왕기, 역대기 주석』, 122-3.

하지만 (일선 목회자들에게는) 여전히 다윗 내러티브에 대한 모형론 해석과 알레고리 해석의 경계선이 선명하지 않는 것 같다. 예를 들어, 다윗이 골리앗을 향하여 "여호와의 구원하심이 칼과 창에 있지 아니하다"(삼상 17:47a)고 할 때, 칼은 폭력을 상징하고, 창은 재물의 많고 적음을 의미한다고 해석하는 경우가 있다. 또 다윗이 물맷돌을 던져 "골리앗의 이마를 치매 돌이 그의 이마에 박히니 땅에 엎드러지니라"는 구절에서 골리앗의 이마는 불신자가 자랑하는 부귀영화의 명예를 의미하는 것으로 해석할 수도 있다.

3. 다윗 내러티브에 대한 그레이다누스의 3차원 해석

그렇다면 다윗 내러티브에 대한 모형론 해석과 알레고리 해석의 경계선은 어떻게 정할 수있을까? 구약성경 내러티브를 점진적인 구속사 관점에서 그리스도와의 모형론적 연관성으로 해석하는 그레이다누스는, 구약의 내러티브를 세 가지 수준에서 해석할 것을 제안하였다. "구약에 나오는 내러티브는 세 가지 수준에서 이해될 수 있다. 최저 수준은 구약의 내러티브를 개인 역사로 보는 것이고, 중간 수준은 그것을 민족사로 보는 것이며, 최고 수준은 그것을 구속사로 이해하는 것이다."[54]

다윗 내러티브에 대한 3차원 수준의 해석을 시도했던 그레이다누스에 의하면, 최저 수준에서 다윗과 골리앗의 싸움 이야기는 어린 다윗이 하나의 물매와 돌멩이로 골리앗을 죽였던 이야기는 오늘날 많은 사람들에게 호소력을 발휘하여 재빨리 다윗을 바람직한 용기에 대한 롤 모델로 적용하려 한다는 것이다. "그러나 성경 저자는 이러한 개인적인 이야기에는 관심이 없다. 그의 관심은 중간 수준에 있다. 그는 다윗과 골리앗 이야기가 이스라엘 국가/왕족의 역사에서 중요한 부분이라는 것을 보여 주기 위해"[55] 매우 길게 기록했다고 한다. 이 이야기가

54 Sidney Greidanus, 『구약의 그리스도, 어떻게 설교할 것인가』, 350.

55 Sidney Greidanus, 351.

중간 수준의 차원에서 독자들에게 전달하려는 "메시지는 하나님이 기름 부으신 왕 다윗은 이스라엘을 구하고 약속된 땅에서 그들의 안전을 보장한다는 것이다."

이어서 이 이야기의 최고 수준의 메시지는 다윗의 신앙 고백, 즉 "전쟁은 여호와께 속한 것"(삼상 17:45-47)에서 알 수 있듯이, "이 이야기의 본질은 적을 쳐부수는 이스라엘 왕 이상의 의미를 가진다. 즉 그 본질은 여호와 자신이 자기 백성의 대적을 쳐부수신다는 것이다. 이러한 주제는 이 구절을 사탄을 이기신 예수님께로 지접 이어지는 하나님 왕국사의 대로에 위치시킨다." 이런 배경에서 그레이다누스는 다윗이 골리앗을 무찌른 이야기가 암시하는 점진적인 구속 역사의 맥락을 아담의 범죄 직후에 하나님이 뱀(사탄)의 후손과 여자의 후손 사이의 영적 전쟁의 시작점과 연결시키고 요한계시록에서 "마지막으로 재림 때, '불과 유황 못에(계 20:10) 사탄을 던지심으로 사탄을 최종적으로 물리치시는 예수 그리스도의 최후 승리로 이어지는 거대한 구속 역사의 종착점을 지향하도록 다윗 내러티브를 배치하였다.

이어서 현대의 교회 청중에게 다윗 내러티브를 정확하게 적용하기 위하여, 교회가 처한 상황과 본문의 거시적인 교훈의 공통된 연관성을 찾아볼 것을 제안하였다. "① 만일 말씀을 받는 교회가 박해로 고난 중이라면, 우리(설교자들)는 하나님의 백성들에게 '전쟁은 여호와께 속했다'는 확신을 줌으로써 그들을 위로할 수 있다. ② 만일 말씀을 받는 교회가 이기적인 번영만을 즐기고 우주적인 영적 전쟁을 제대로 보지 못한다면, 우리는 이 구절을 이 시대에 존재하는 악한 자와의 전투에 하나님의 백성이 동참하도록 재촉하는 일에 적용할 수 있다. ③ 만일 말씀을 받는 교회가 전투 중에 있지만 자신의 힘을 의지하고 있다면, 그 교회를 향해 하나님이 그들을 통해서 일하시게 하라고 강력히 권고할 수 있다. 왜냐하면 하나님은 자기 종들에게 권능을 주셔서 그 전투를 치르시기 때문이다."[56]

하지만 그레이다누스의 3차원 해석은 개인 수준의 이야기를 성경 저자의 관심으로부터 지나치게 배제하는 인상을 준다. 그리고 다윗이 골리앗을 상대하는 상황 속에서 선포하였던 신앙 고백만을 거시적인 구속 역사와 연결시킴으로, 성경 저자가 골리앗을 상대하는 다윗의 세부적인 행동 묘사와 그 속에 함께 들어 있었던 거시적인 신학적인 의미를 이분법적으로 분리함으로 해석학적인 일관성을 따르지 못하는 아쉬움이 있다.

56 Sidney Greidanus, 352.

4. 3차원 다윗 내러티브의 고유한 논리적 흐름

이에 대한 대안은 다윗 내러티브의 역사적 해석과 문학적 해석, 그리고 신학적 해석의 3중관점 해석 과정에서 각각의 해석 층위 안에서 진행되는 고유한 내러티브 플롯의 논리적 흐름을 합리적으로 존중하는 것이다. 역사적 해석의 목표는 내러티브 본문이 묘사하는 역사적 사건의 진행을 문자적인 차원에서 합리적으로 재구성하는 것이다. 문학적 해석의 목표는 역사적 사건을 내러티브 장르로 언어적 전환을 진행할 때 저자의 수사적 전략을 합리적으로 이해하는 것이다. 마지막 신학적 해석은 역사적 사건에 관한 저자의 초역사적인 의도에 관한 의미를 논리적이고 합리적으로 파악하는 것이다. 역사적, 문학적, 그리고 신학적 해석이 진행되는 각각의 이야기 흐름을 그 흐름이 속한 고유한 의미의 층위 안에서 합리적으로 존중하며 이해하는 것이 중요하다.

먼저 다윗 내러티브에 대한 역사적 해석에서는 과거에 다윗이 골리앗을 대적했던 역사적인 사건을 초월적인 차원을 모두 배제하고 상식적이고 합리적인 차원에서 먼저 파악하는 것이다. 다윗이 "엘라 시내에서 매끄러운 돌 다섯을 골라서 자기 목자의 제구 곧 주머니에 넣었을 때", 역사적 사건의 진행에 관한 언어적인 서술(내러티브) 방식을 이해하기 위하여 필수적으로 파악해야 하는 것은, 고대 근동의 전쟁터에서 매끄러운 조약돌의 용도에 관한 이해와 다윗이 조약돌 다섯

개를 골라서 준비한 목적에 대한 이해다.

먼저 고대 근동의 전쟁터에서 매끄러운 조약돌은 인마살상용(人馬殺傷用) 물맷돌로 사용되었다(삿 20:16). 두 번째 다윗이 골리앗을 대적하러 나아가기 직전에 물맷돌 다섯 개를 준비한 합리적 이유다. 그 조약돌 다섯은 아마도 골리앗을 포함하여 이스라엘과의 전쟁에 등장한 또 다른 네 명의 거인족들, 삼백 세겔되는 놋창을 들고 새 칼을 찬 이스비브놉(삼하 21:16)과 거인족의 아들 중의 삽(삼하 21:18), 골리앗의 아우 라흐미(삼하 21:19), 육손 육족 거인(삼하 21:20)을 염두에 두고서 다섯 거인족을 모두 죽일 목적을 염두에 두었다고 보는 것이 (다섯 가지의 상징이나 은유(ex, 믿음, 소망, 사랑, 인내, 충성)로 바꾸는 것보다) 훨씬 역사적 사건 진행에 관한 언어적 묘사로서의 내러티브 플롯의 논리적 배열에 자연스럽다.

역사적인 사건의 차원에서 살펴볼 때 분명 확인되는 사실은, 다윗이 골리앗을 향하여 물매로 휘둘러서 날려 보낸 것은 말 그대로 인마살상용(人馬殺傷用) 조약돌이었지 하나님의 말씀이 기록된 성경책이나 그 어떤 상징이나 신학적인 의미가 들어 있는 대체물(代替物, substitutes)이 아니었다는 것이다.

역사적인 본문의 주해 작업의 다음 단계에서, 다윗의 모형과 그리스도의 원형 사이의 모형론적 연관성은 어떻게 연결할 수 있을까? 그것은 다윗 내러티브에 담긴 미시적인 역사적 사건의 이야기식 서술논리의 논리적인 인과관계를 해체하고 좀 더 거시적인 차원에서 핵심 개념을 보편적인 신학적 의미로 전환하는 것이다.

예를 들어 사무엘상 16장에서 다윗이 사울왕을 대신하는 이스라엘의 지도자로 기름 부음을 받는 내러티브는, 예수께서 세례 요한에게 세례를 받으신 이후 공생애 사역을 상징하는 것으로 해석할 수 있다. 또 다윗이 사울왕의 추격을 피하여 광야에서 망명생활을 하는 과정(삼상 19장~27장)은, 예수께서 40일 동안 광야에서 마귀에게 시험을 당하신 사건(마 4:1-11)을 상징하는 것으로 해석할 수 있다.

5. 다윗 내러티브와 그리스도 중심적 설교

1) 신학적인 의미의 설득력

아더 핑크(Arther W. Pink)에 의하면, "다윗은 그리스도의 조상일 뿐 아니라, 어떤 의미로는 구약성경 전체에서 그리스도를 가장 분명하게 대표하는 인물이었다."[57] 그렇다면 다윗 내러티브에 대한 그리스도 중심적 설교는 어떻게 전할 수 있을까?

설교자가 설교 메시지에 다윗 내러티브의 모형과 그리스도의 공생애 사건의 원형 사이의 연관성을 언급하거나 강조하는 이유가 있다. 그 이유는 다윗 내러티브에서 상식적으로나 이성적으로 쉽게 납득되지 않는 부분을 수긍하도록 만드는 신학적인 설득력의 근거로서 모형과 원형 사이의 연관성이 제공되어야 하기 때문이 아니다. 예를 들어 다윗이 물맷돌 하나로 골리앗을 일격에 쓰러뜨릴 수 있었던 결정적인 비결은, 그 물맷돌 하나가 다윗이 기도를 많이 한 증거라거나 다윗이 하나님을 굳게 믿었던 증거라는 식의 신학적인 의미를 제공하기 때문이 아니다. 이런 해석은 다윗의 모형과 그리스도의 원형을 알레고리로 연결하는 것이다. 알레고리 해석은 논리적인 비약 때문에

57 Arther W. Pink, *The Life of David,* 김광남 역, 『다윗의 생애』 (서울: 뉴라이프, 2009), 17.

설득력이 없다.

다윗 내러티브를 그리스도 중심적으로 효과적으로 설교하려면 (설교자는 주해-원리화-설교(적용)의 3단계로 진행되는 설교 준비 과정에서) 본문의 역사적인 사건의 흐름에 관한 이야기를 오늘 청중의 상황에 연관성을 가지고 적용되는 메시지의 내러티브 플롯의 흐름에 적합하도록 재구성해야 한다. 앞서 원리화 단계에서 확인한 바와 같이 (*extra nos*에 관한) 사망과 생명의 첫 번째 맞바꿈을 서술하는 내러티브 본문은 과거 구속 역사적인 사건을 (언어적 전환의 과정을 거쳐서) 설득력 있는 이야기 형식으로 서술한 것이라면, 이를 오늘 청중에게 설득력 있게 전달하려면 (*intra nos*에 관한) 사망과 생명의 두 번째 맞바꿈으로 신자들에게 다가오도록 합리적인 설득 논리를 재구성해야 한다.

오늘날 성도들이 자신들의 영적 전쟁에서 예수 그리스도의 십자가를 의지함과 동시에 성부 하나님의 말씀에 순종했던 그리스도의 모범을 그대로 뒤따라 갈 것을 결단하도록 설득하려면, (다윗 내러티브를 설교하는 상황에서 성도들에게 꼭 필요한 교훈은) 물맷돌로 골리앗을 무너뜨린 역사적 사건 배후에서 성령 하나님이 감동하려는 신학적인 의미이다.

오늘날 청중에게 다윗 내러티브의 적용적 차원에서 필요한 설득 논리는, ("여러분도 다윗처럼 가까운 시냇가로 가서 조약돌 다섯을 주워서 여러분이 생각할 때 사탄 마귀라고 생각되는 불신자들의 이마에 물맷돌을 날려 보내라!"가 아니라,) 다음과 같이 문자적인 소재나 주제들을 상징적인 주제들로 전환하여 내러티브 플롯의 흐름을 재구성해야 한다: "다윗이 그 시대에 교회를 대적하는 사탄 마귀를 상징하는 골리앗을 '하나님이 살아 계시다!'는 믿음과 주님을 모욕하는 악한 권세에 대한 거룩한 분노의 마음으로 물리쳤던 것처럼, 여러분도 (다윗을 본받아 그리고 그리스도를 본받아) 오늘날 교회와 주님을 대적하는 악한 세력들을 절대 두려워하지 마시고 믿음과 소망, 그리고 사랑으로 악을 물리치시기 바랍니다."

2) 설득을 위한 수사적인 전략

다윗 내러티브를 그리스도의 십자가와 연결시키는 설교에서 정작 중요한 것은, 신학적인 공감대를 형성하려는 수사적인 의도다. [내러티브 본문 해석 단계에서 찾아내야 할 수사적인 의도는 대부분 내레이터의 신학적인 평가에 암시되어 있다. 그리고 시편과 같은 지혜 문학은 구약 전체 내러티브의 신학적인 의미를 풍성하게 제시한다.] 다윗 내러티브의 수사적인 의도는 독자로 하여금 하나님이 절대 주권적으로 진행하시는 사망과 생명의 첫 번째 맞바꿈을 깨닫고(이신칭의를 깨닫고), 이어서 자신의 말씀 순종을 통하여 사망과 생명의 두 번째 맞바꿈에 동참하도록 (십자가를 짊어지고 그리스도를 뒤따르는 이신성화의 삶을 살도록) 하려는 것이다.

이신칭의의 깨달음과 이신성화의 헌신, 두 가지 영역으로 구성된 신앙생활의 핵심은 십자가 은혜로 일어난 맞바꿈의 깨달음과 뒤이은 맞바꿈으로의 헌신이다. 맞바꿈의 깨달음과 헌신은 오직 십자가 은혜에 대한 확인이 있어야 가능하다. 목회자/설교자의 중요한 책임은, 성경 본문이 (상징으로) 예표하고 (문자적으로) 성취를 증언하는 십자가 사건의 맞바꿈을 신자들이 잘 깨달음으로 (그들을 위한 영생의) 언약을 새롭게 갱신하고 두 번째 (십자가를 짊어짐으로 생명을 얻는) 맞바꿈에 적극 동참하도록 격려하는 것이다.

3) 다윗 이야기와 두 번째 맞바꿈의 판례들

이런 차원에서 볼 때, 다윗 이야기는 신자가 감당해야 할 두 번째 사망과 생명의 모순적인 맞바꿈의 구약 판례를 풍성하게 제공한다.

① 다윗은 하나님의 우주적인 언약 법정에서 하나님의 절대 주권에 관한 말씀의 능력을 증언하는 중보자로 부름을 받았다. 우리 신자가 구원 받고 하나님 자녀가 되는 권세를 얻은 것은 전적으로 하나님의 은혜로 말미암은 것뿐이다.

② 다윗은 그 중보자 책임의식으로 아버지 양떼를 해치려는 사자와 곰을 때려눕혔다. 신자가 믿음의 선한 싸움을 싸울 때 오직 십자가 은혜에 대한 믿음으로만 사탄 마귀의 권세를 물리칠 수 있다. 신자가 십자가 은혜로 사탄 마귀의 권세를 무찌른 승리는 합리적으로 설명될 수도 없고 주변 사람들로부터 칭찬을 받기도 어렵다. 오히려 비상식

적이라고 조롱을 받는다.

③ 골리앗이 이스라엘을 침략하여 언약 갱신을 요청하였다. 골리앗처럼 "우리의 대적인 사자가 삼킬 자를 찾으며(벧전 5:8) 포효하는 믿음의 싸움터에서 하나님의 말씀 순종보다는 세속적인 가치와 수단을 더 의지하도록 유혹한다.

④ 이런 믿음의 싸움에서는 결코 사울의 군복과 칼이 도움을 주지 못한다. 영적 전쟁에서 필승의 비결은 '만군의 주 여호와 하나님의 이름'에 대한 확고한 믿음뿐이다. 좀 더 구체적이고 세부적인 승리의 비결은, 영적 전쟁에 함께 동참하는 신앙 공동체 구성원들과의 지속적인 중보기도와 연대뿐이다.

⑤ 사울은 다윗을 죽이고자 겉으로는 '여호와의 싸움'을 싸우라고 블레셋 군사들의 양피를 제안하면서 속으로는 왕권 경쟁자 다윗을 죽이고자 하였다. 오늘날에도 신자는 사망권세가 왕노릇하는 세상 속에서 하나님만이 참 구원자이심을 증명해야 하는 모순적인 시험대 인생으로 부름 받았다. 이 시험대를 무사히 통과할 최고의 비밀은 삼위 하나님이 그리스도 안에서 우리 신자들을 위하여 절대 주권적으로 진행하시는 크고 두려운 구원의 경륜을 깨닫고 그 구원의 경륜에 헌신하는 것뿐이다.

⑥ 다윗은 블레셋 군사들의 양피를 가져다주고 사울왕의 사위가 되었다. 그 덕분에 왕궁으로 들어갈 수 있었다. 신자가 구원을 얻는 유일한 길은 그리스도의 십자가 보혈의 은혜를 의지하는 것뿐이다. 구원 이후 신자의 인생은 하나님이 동행하심을 증명하도록 하나님이 사용하시는 수단이다.

⑦ 다윗은 사울왕의 사위가 되었으나, 이후로 평생 사울의 원수가 되었다. 구원 이후 신자의 삶은 온실 속에서 안락한 삶을 누리는 것이 아니라 평생 성화를 위한 영적전쟁으로 부름 받는다.

⑧ 다윗은 자기를 죽이려는 사울을 거듭 살려주었다. 하나님은 신자가 불신자들뿐만 아니라 사탄마귀에게서까지 하나님의 공의에 합당한 자라는 평가를 받아내시고자 혹독하게 연단하신다. 세상적인 수단이나 방법을 사용하면 반드시 실패하도록 하심으로 절대 순종과 절대 충성을 반복적으로 연단하신다.

나가는 말

필자는 이 책에서 다윗 이야기에 대한 전통적인 모범적 해석에서 한 단계 진일보한 해석을 제안하였다. 진일보한 해석을 제안하고자, 먼저 월터 브루그만의 사회-수사학적 해석을 비판적으로 고찰하였다. 잘 알려진 바와 같이 월터 브루그만의 사회-수사학 해석은 현대 구약 신학이나 사무엘상·하 주석을 통하여 세계적인 명성을 과시하고 있다. 하지만 문제는 사회-수사학 해석은 다윗 이야기의 역사성을 부정한다.

만일 사무엘상·하가 묘사하는 다윗의 행동이나 대화의 역사성을 부정한다면, 강단에서 하나님의 말씀을 설교하는 설교자들은 도대체 무엇을 설교할 수 있을까? 설교의 가장 중요한 목적은 말씀 선포를 통하여 성경이 증언하는 하나님 말씀의 능력이 신자들의 심령 속에서 그리고 그들의 삶 속에서 구체적인 순종으로 구현되도록 하는 것인데.... 다윗이 사울왕의 겉옷 자락을 베었다는 그 이야기의 역사성이 부정된다면, 어떻게 설교자는 다윗이 하나님의 우주적인 언약 법정에서 사울왕의 겉옷 자락을 베는 순간에 자기 몸이 바스러질 정도로 느꼈을 하나님 약속 지연에서 오는 고통과 아픔을 오늘의 설교로 재현할 수 있을까? 그 이야기가 그저 저자의 문학적 창작품에 불과하다면,

도대체 예수님이 모조리 체휼하셨다는 인생들의 고난이나 고통 역시 설교자의 수사적 상상력 여하에 달렸다는 말인가?

필자는 다윗의 역사성을 부정하는 대안으로 다윗 이야기를 우주적인 언약의 법정에서 하나님의 절대 주권을 목숨 걸고 증언했던 증인의 판례로 해석할 것을 제안하였다. 다윗의 이야기는 다윗이 하나님 나라 우주적인 언약 법정에서 하나님의 절대주권을 온 몸으로 목격하고 그 절대 주권을 온 몸으로 막아낸 판례(case law)다. 따라서 다윗의 이야기를 다시 설교하려면 설교자는 다윗 이야기를 다시 읽어가는 과정에서 본문 안에서 다윗처럼 하나님의 절대 주권과 그 섭리를 온 몸으로 목격하는 일이 필수적으로 요구된다.

사도행전 1장 8절에서 예수님은 제자들에게 "오직 성령이 너희에게 임하시면 너희가 권능을 받고 예루살렘과 온 유대와 사마리아와 땅 끝까지 이르러 내 증인이 되리라"는 사명을 위임하셨다. 제자들이 예수님의 증인이 되려면 먼저 예수님의 십자가 죽음과 부활 사건을 목격하고, 그 십자가에서 자신의 옛사람의 사망과 새사람의 탄생을 경험해야 한다.

그 증언은 사망권세로부터의 증언이고, 사망권세를 이긴 체험자의 증언(witness)이다. 사망권세를 이긴 체험자의 자격으로 증언하려면, 그 전에 먼저 죽음과 흑암의 권세 속으로 이끄시는 하나님의 섭리를 경험하고 목격해야 한다. 그 사망 권세 속에서 자신 속에 있는 죄악 때문에 죽을 정도로 절망해야 한다. 더 이상 소망은 찾아볼 수 없는 극한의 절망 때문에 절규하는 중에 가느다란 한 줄기 은혜의 빛에 눈이 떠져야 한다. 그리고 그 은혜의 진리로부터 자신 안에서 새로운 생명을 창조하시는 예수님의 목숨 건 십자가 사랑에 눈이 떠져야 한다. 그 사망권세를 이기시는 주님이 자신에게도 사망권세 이기고 새 생명을 주시는 사랑에 눈이 떠져야 한다. 그럴 때 비로소 그 증인은 사망권세를 이긴 목격자의 증언으로 성령 하나님께서 감화감동할 수 있다.

증인(witness)의 헬라어 말튀스는 증인 이외에, 목격자와 순교자라는 의미도 담고 있다. 예수님의 증인이 되기 위해서는 먼저 목격자여야 한다. 목격자(目擊者)를 한자로 풀어보면 그 눈(목, 目)이 부딪친(격, 擊) 사람(자, 者)이란 뜻이다. 그 눈이 예수님의 십자가 사건에 부딪치면서 자신 안의 죄악과 사망의 권세를 직시해야 한다. 이 죄악이 지속되면 나는 결국 하나님의 진노와 심판으로 영원한 저주로 죽을 수 밖에 없음을 절감해야 한다. 그 절망 중에 옛사람도 함께 죽어야 한다.

그럴 때 '안심하라 내니 두려워말라'는 주님의 말씀이 그 귀에 들려오고 그 눈이 다시 예수님의 부활 사건에 부딪치면서 자신 안에 새사람이 함께 살아난 부딪침의 경험, 부활 사건에 대한 목격이 있어야 한다. 그러한 목격자일 때 비로소 그는 우주적인 언약 법정에서 부활하신 주님을 증언하는 대언자로 세워질 수 있다. 예수 십자가의 목격자가 증언할 때, 그 한 쪽 눈은 예수님의 십자가를 바라보고, 또 다른 쪽 눈은 부활하신 주님의 자비와 위로를 바라본다. 예수의 증인은 한편으로는 십자가 보혈을 바라보는 까닭에 그는 마음을 다하고 목숨을 다하고 뜻을 다하여 예수 복음을 증언한다. 만군의 여호와의 열심이 그 심령 속에서 불타는 열정으로 자기 생명까지라도 바쳐서 이 진리가 참 진리로 선포되고 이를 통해서 여호와의 영광이 나타날 수만 있다면 그는 모든 것을 다 바쳐도 아깝지 않으리.

우리는 다윗의 이야기 속에서 우주적인 언약 법정에서 오직 여호와 하나님의 절대적인 주권을 그 마음을 다하고 그 목숨을 다하고 그의 뜻을 다하여 변호하고 방어했던 하나님의 기름 부음을 받은 메시아를 만날 수 있다. 하나님과 사람 사이에서 하나님의 절대 주권을 방어하기 위하여 자신의 생명을 걸고 있는 목격자이자 증인을 만날 수 있다. 이 같은 마음 때문에 박윤선 목사님도 이렇게 외치셨다. “누구든지 자신의 주장이 진리라고 하면서 그 주장을 위하여 자신이 생명을 걸 수 없다면, 그것은 진리라고 할 수 없을 뿐더러 그런 자는 진리를 말할 자격이 없다.”